LES

MOHICANS

DE PARIS

PAR

ALEXANDRE DUMAS

15

PARIS
ALEXANDRE CADOT, ÉDITEUR
37, rue Serpente.

1855

LES MOHICANS DE PARIS

Ouvrages de George Sand.

François le Champi . . . . 2 vol.
Piccinino. . . . . 5 vol.
Le Meunier d'Angibault. . . . . 3 vol.
Lucrezia Floriani. . . . . 2 vol.
Teverino. . . . . 2 vol.
La Mare au Diable. . . . . 2 vol.

Ouvrages de Paul Duplessis.

Les grands jours d'Auvergne.
Première partie, *Raoul Sforzi*. . . . . 5 vol.
Deuxième partie, *Le gracieux Maurevert*. . . . 5vol.
Les Etapes d'un Volontaire.
Première partie, *Le Roi de Chevrières*. . . . . 4 vol.
Deuxième partie, *Moine et Soldat*. . . . . 4 vol.
Troisième partie, *Monsieur Jacques*. . . . . 4 vol.
Le Capitaine Bravaduria. . . . . 2 vol.
La Sonora . . . . 4 vol.

Sous presse :

Les Pervertis.
Un monde inconnu.
Le Grand-Justicier du roi.

Ouvrages de Paul de Kock.

Un Monsieur très tourmenté. . . . . . . 2 vol.
Les Etuvistes. . . . . 8 vol.
La Bouquetière du Château-d'Eau . . . . . 6 vol.

Fontainebleau, imp. de E. Jacquin.

LES

MOHICANS

DE PARIS

PAR

ALEXANDRE DUMAS

15

PARIS
ALEXANDRE CADOT, ÉDITEUR
37, rue Serpente.

1855

I

L'entrevue.

La théorie de Salvator était bien simple : c'était une tendresse profonde pour l'humanité, sans distinction de caste ni de race ; une abolition complète des frontières pour réunir le genre humain dans une seule et même famille. — L'accomplissement des paroles du Christ, qui, ayant déjà donné la liberté et l'égalité, avait encore à donner la fraternité.

Pour lui, et dans sa vaste appréciation sociale, tous les hommes étaient fils d'un même père et d'une même mère, tous frères par conséquent, par conséquent tous libres. L'esclavage donc, sous quelque forme qu'il se cachât, était le monstre qu'il voulait terrasser comme la cause primordiale du mal. Il y avait en lui un reste de la noblesse et de la loyauté des anciens preux qui s'en allaient combattre en Palestine. Il eût volontiers, comme eux, donné sa vie pour le triomphe de sa foi, et il parlait de l'avenir des nations avec cette même élévation et dans ce même langage dont l'abbé Dominique semblait seul avoir le secret.

Au reste, les deux jeunes gens dont l'un avait eu, sans qu'il s'en doutât, sur la vie de l'autre une si grande influence, les deux jeunes gens, le prêtre et le commissionnaire, avaient entre eux plus d'une ressemblance. C'étaient le même amour de l'humanité, la même fraternité universelle, le même but enfin vers lequel ils tendaient tous deux, quoique marchant dans deux voies différentes et partis de deux points opposés.

Ainsi, l'abbé Dominique partait de Dieu et descendait de Dieu à l'humanité.

Salvator cherchait le secret de Dieu dans l'humanité, et montait de l'homme à Dieu.

L'humanité, pour l'abbé Dominique, était de création divine.

Dieu, pour Salvator, était de création humaine.

L'humanité, pour l'abbé Dominique, n'avait de raison d'être que créée, soutenue, dirigée par une puissance supérieure.

L'humanité, pour Salvator, n'avait aucune raison d'être si elle n'était entièrement libre, si elle n'était elle-même sa force dirigeante.

Il y avait, en un mot, entre leurs deux théories religieuses, la même différence qu'il y a en politique entre l'aristocratie et la démocratie, entre la monarchie et la république.

Et cependant, nous le répétons, partant de ces deux principes opposés, tous deux tendaient vers le même but, l'indépendance de l'homme, la fraternité universelle.

Pour Justin, pauvre martyr, en lutte depuis son enfance avec les besoins de la vie matérielle, et qui n'avait jamais eu le temps de plonger son regard dans l'abîme des abstractions sociales, cette théorie de Salvator fut un long éblouissement, allant presque jusqu'au vertige. Cette révélation fit jaillir autour de lui mille étincelles comme elles jaillissent d'un foyer dont on attaque la flamme prête à s'éteindre. Son cœur, endormi dans les bras de la résignation, cette berceuse céleste, qui, depuis dix-huit siècles, endort l'humanité, tressaillit et se réveilla tout à coup aux mots de fraternité et d'indépendance, et au bout de deux heures de marche et de causerie, il avait grandi de dix coudées.

On marche vite, on fait beaucoup de chemin sans s'en apercevoir, lorsqu'on marche poussé par le souffle d'une puissante préoccupation ou d'une grande idée. On arriva à la Cour de France vers neuf heures du soir.

Il restait deux heures à attendre.

Salvator se rappela une petite cabane de pêcheurs où il avait dîné, il y avait sept ans, le jour où il avait trouvé Brésil. On gagna le bord de la rivière ; on reconnut la cabane, on entra, et moyennant une bouteille de vin et une matelotte, on obtint l'hospitalité.

Les yeux de Justin ne s'écartaient du coucou qui marquait l'heure, que pour s'y reporter un instant après plus ardemment ; sans le bruit que faisait son mouvement, bruit auquel il n'y avait pas à se méprendre, Justin eût juré que les aiguilles étaient arrêtées.

Cependant, dix heures, puis onze heures

sonnèrent. Salvator vit l'impatience de son compagnon et en eut pitié.

— Partons ! dit-il.

Justin respira, bondit de sa chaise à son chapeau, et se trouva du même coup sur le seuil de la porte.

Salvator le rejoignit en souriant.

Ce fut à Salvator à lui montrer le chemin.

En effet, il marcha le premier dans la direction du château de Viry ; on retrouva le pont Godeau, l'allée de tilleuls, la grille du parc.

— Est-ce là? demanda tout bas Justin.

Salvator fit signe de la tête que oui.

Puis, en recommandation de silence, il appuya son doigt sur les lèvres.

Salvator et Justin longèrent le mur, légers et silencieux comme deux ombres; puis, au même endroit où la veille Salvator l'avait escaladé, il s'arrêta.

— C'est ici, murmura-t-il.

Justin mesura des yeux la hauteur de la muraille. Moins habitué que son compagnon aux exercices gymnastiques, il se demandait comment il franchirait l'obstacle.

Salvator s'appuya contre le mur et pré-senta à Justin ses deux mains comme premier échelon.

— Nous allons donc escalader cela? demanda Justin.

— Ne craignez rien, nous ne rencontrerons personne, dit Salvator.

— Oh! ce n'est pas pour moi que je crains, c'est pour vous.

Salvator fit un mouvement d'épaules dont nous n'essayerons pas de donner la traduction.

— Montez, dit-il.

Justin mit ses pieds dans les mains, puis sur les épaules de Salvator, puis il enjamba le faîte du mur.

— Et vous? demanda-t-il.

— Sautez de l'autre côté, et ne vous inquiétez pas de moi.

Justin obéit comme un enfant.

Au lieu de lui dire de sauter sur le sol, Salvator lui eût dit de sauter dans le feu, qu'il eût obéi de même.

Il sauta, et Salvator entendit le retentissement de ses pieds sur la terre.

Quant à lui, il s'élança avec sa légèreté

ordinaire, se hissa à la force du poignet sur le chaperon du mur, et, en une seconde, se trouva dans le parc, près de Justin.

Il s'agissait de s'orienter, afin de n'avoir pas besoin de faire les détours que Salvator avait faits la première fois en suivant Roland.

Le jeune homme s'arrêta un instant, rappela ses souvenirs, et coupa droit à travers le parc.

Au bout de cinq minutes de marche, il s'arrêta, s'orienta de nouveau et appuya un peu à gauche.

— Nous y sommes, dit Salvator, voici l'arbre.

Sans doute en lui-même ajoutait-il :

— Et voici la tombe.

Tous deux pénétrèrent dans le fourré et attendirent.

Au bout de quelques secondes, Salvator appuya la main sur l'épaule de son ami.

— Silence ! dit-il, j'entends le frôlement d'une robe de soie.

— C'est elle alors ? dit Justin tout frissonnant.

— Oui, selon toute probabilité. Seulement, laissez-moi me montrer le premier. Vous comprenez l'effet que votre apparition inattendue pourrait produire sur la pauvre enfant. Elle approche, elle est seule. Cachez-vous là, et ne paraissez que quand je vous dirai de paraître. La voici !

C'était Mina, elle était seule en effet.

— Oh ! mon Dieu ! murmura Justin, et il voulut s'élancer.

— Vous voulez donc la tuer ? dit Salvator en le retenant.

Il s'était fait un mouvement dans le massif, qui avait attiré l'attention de Mina.

Elle s'arrêta, regardant avec inquiétude et toute prête à fuir comme une gazelle effarouchée.

— C'est moi, mademoiselle, dit Salvator; ne craignez rien.

Et, écartant les branches, il apparut aux yeux de Mina.

— Ah! c'est vous, dit Mina. Que je suis heureuse de vous voir, mon ami!

— Et moi aussi, d'autant plus que je vous apporte des nouvelles.

— De Justin?

— De Justin, de sa mère, de sa sœur, du bon M. Müller.

— Ingrate que je suis, j'oubliais tout ce qui n'est pas lui. Voyons! qu'avez-vous fait depuis hier? contez-moi cela.

— D'abord, j'ai retrouvé votre montre.

— Oh! tant mieux...

— J'ai été voir toute votre chère famille, porter à Justin l'assurance de votre amour et recevoir la sienne.

— Oh! que vous êtes bon... Et a-t-il été bien heureux?

— Vous demandez cela? Il a pensé devenir fou.

— Merci! cent fois merci! Lui avez-vous dit où j'étais?

— Oui!

— Et alors?

— Alors, vous comprenez bien qu'il m'a demandé à venir.

— Oh! oui, je comprends cela.

— Oui, mais vous comprenez aussi que ma première pensée a été de lui refuser cette satisfaction.

— Oh! non, non, cela, monsieur, je ne le comprends plus.

— Je vous dis ma première pensée, mademoiselle.

— Et… et la seconde? demanda Mina en hésitant.

— La seconde a été l'opposé de la première.

— De façon… demanda Mina toute tremblante.

— De façon que, sur la promesse d'être raisonnable…

— Eh bien?

— Je suis convenu avec Justin de l'amener.

— Et quand cela devez-vous l'amener?

— Je voulais l'amener un de ces soirs.

— Un de ces soirs! dit la jeune fille en poussant un soupir, et il a consenti à attendre.

— Non!

— Comment, non?

— Il a voulu venir tout de suite, vous comprenez encore cela?

— Oh! certes, je le comprends. J'aurais fait comme lui, moi!

— Ma première pensée a encore été de refuser, dit Salvator en riant.

— Mais la seconde? fit Mina, la seconde?

— La seconde... a été de vous l'amener ce soir même.

— De sorte? demanda la jeune fille toute palpitante.

— De sorte que je l'ai amené.

— Monsieur, il m'a semblé entendre parler tout à l'heure. C'est à lui que vous parliez, n'est-ce pas?

— Oui, mademoiselle, il voulait se jeter au-devant de vous, et je l'en empêchais.

— Oh! si je l'avais revu ainsi, je serais morte de joie.

— Vous entendez, Justin? dit Salvator.

— Oh! oui, oui, s'écria le jeune homme en s'élançant hors du massif.

Salvator se rangea pour faire place à son ami. Les deux jeunes gens se jetèrent dans les bras l'un de l'autre, étouffant entre leurs lèvres les deux noms de Justin et de Mina.

Puis en même temps deux mains s'étendirent du côté de Salvator, et deux voix pleines de larmes joyeuses murmurèrent en même temps :

— Mon ami, Dieu vous le rende!

Salvator les regarda un instant de son

doux et puissant regard, qui, semblable à celui d'un dieu, semblait prendre la responsabilité de l'avenir; puis, serrant la main de Justin et baisant Mina au front :

— Et maintenant, dit-il, vous êtes sous le regard du Seigneur. Que Dieu qui m'a conduit jusqu'ici me mène jusqu'au bout!

— Vous nous quittez, Salvator? dit Justin.

— Justin, répondit Salvator, vous savez que c'est par hasard que j'ai rencontré Mina; vous savez que ce n'était point elle que je cherchais quand je suis venu dans ce parc. Laissez-moi poursuivre mon œuvre et soyez heureux. Le bonheur est une hymne à Dieu.

Dans une heure je serai près de vous.

Et le jeune homme, prenant congé d'eux, de la main et de la tête, disparut au tournant de l'allée qui conduisait au château.

Ce que se dirent pendant cette heure les deux jeunes gens demeurés seuls, je n'essayerai pas de vous le raconter.

Supposez, chers lecteurs, que vous avez l'oreille appuyée à la porte du ciel, et que vous écoutez parler les anges.

II

Investigation.

Le lendemain, à huit heures du matin, Justin, comme d'habitude, ouvrait sa classe mais d'un visage si joyeux, que les aînés de ses bambins, accoutumés à son visage triste, ou plutôt grave, se demandèrent entre eux : « Tiens, qu'a donc le maître ce matin? est-ce qu'il lui serait arrivé, par hasard, un héritage de vingt mille livres de rente? »

Vers la même heure, Salvator, le visage un peu plus soucieux, entrait dans la rue principale, ou plutôt dans la seule rue du village de Viry; il regardait à droite et à gauche, et, apercevant, sur le seuil d'une porte, une belle jeune fille qui semblait rentrer chez elle, tenant à la main une mesure de lait, il s'approcha d'elle avec une intention si visible de lui parler, que celle-ci s'arrêta sur le seuil de la porte, et attendit:

— Mademoiselle, dit Salvator, seriez-vous assez bonne pour m'indiquer la maison de M. le maire?

— C'est bien la maison de M. le maire que vous demandez? dit la jeune fille.

— Sans doute.

— C'est qu'il y a la maison de M. le maire et la mairie, reprit la jolie fille avec un sourire qui semblait demander pardon au jeune homme de la leçon de topographie qu'elle lui donnait.

— C'est juste, dit Salvator, j'eusse dû m'expliquer plus clairement. Je désire parler à M. le maire, mademoiselle.

— Alors, vous pouvez entrer, monsieur,

ajouta la jeune fille, car vous êtes justement à sa porte.

Et, passant la première, elle indiqua le chemin à Salvator.

A la porte de la salle à manger, elle rencontra une espèce de servante, à laquelle elle remit la petite mesure de lait, qui paraissait être destiné à devenir son déjeûner et celui de sa famille ; puis, se tournant vers Salvator :

— Si monsieur le voyageur veut me suivre ? dit-elle.

A cette époque, où l'on ne connaissait ni les chemins de fer ni les trains de plaisir, on donnait généralement au visiteur étranger le titre de *voyageur*, comme on le donne encore aujourd'hui au touriste dans les montagnes du Jura et dans celles du Dauphiné.

Salvator sourit et suivit la belle enfant.

On monta au premier étage ; la jeune fille ouvrit la porte d'une espèce de cabinet, où un homme était assis à un bureau, et elle dit à cet homme :

— Papa, voilà un *monsieur* qui veut te parler.

Et, en effet, sous son costume de chasse, Salvator pouvait très bien passer pour un *monsieur*.

Le maire fit un signe de la tête, et continua d'écrire sans regarder le survenant; peut-être craignait-il de perdre le fil de sa phrase s'il l'interrompait.

Par hasard, le maire de Viry était encore, à cette époque, le même brave homme auquel l'honnête M. Gérard avait eu affaire, il y avait sept ou huit ans, lors de l'horrible catastrophe dont ce dernier avait été victime.

C'était, comme nous l'avons dit en son lieu et place, un bon et digne maire, participant à la fois du bourgeois et du paysan, homme loyal et naïf autant que Salvator le pouvait désirer.

Sa phrase finie, il se retourna, repoussa

en arrière son bonnet grec, releva ses lunettes sur son front, et, apercevant le jeune homme resté debout près de la porte :

— C'est vous qui désirez me parler ? demanda-t-il.

— Oui, monsieur, répondit Salvator.

— Alors, donnez-vous la peine de vous asseoir, fit le maire avec un geste qui rappelait vaguement celui d'Auguste faisant la même invitation à Cinna.

Et, en même temps, il lui désignait une espèce de fauteuil romain.

Salvator avança son siége aussi près qu'il put de celui de M. le maire.

Après les premières politesses échangées :

— Que désirez-vous, monsieur ? demanda le maire à Salvator.

— Un renseignement que vous avez le droit de me refuser, monsieur, j'en conviens, dit Salvator, mais que vous aurez cependant, j'espère, la complaisance de me donner.

— Parlez, monsieur, et, si la chose n'est pas contraire à mes doubles devoirs et de citoyen et de magistrat...

— J'ose croire que vous en jugerez ainsi, monsieur... Mais, d'abord sans indiscrétion, depuis combien de temps êtes-vous maire ?

— Depuis quatorze ans, monsieur! répondit le brave homme en se rengorgeant.

— Bon! dit Salvator. Eh bien, je désirerais savoir de vous le nom de la personne qui habitait le château de Viry vers l'année 1820.

— Oh! monsieur, le propriétaire se nommait alors M. Gérard Tardieu.

— Gérard Tardieu! répéta Salvator, songeant à ce cri, échappé si souvent à Rose-de-Noël pendant sa fièvre : « Oh! ne me tuez pas, madame Gérard! »

— Un bien honnête et bien excellent homme, continua le maire, et qui, à notre grand regret à tous, quitta le pays à la suite d'une épouvantable catastrophe.

— Arrivée ici !

— Ici même.

— Alors, monsieur, c'est précisément de cette aventure que je désirais vous entretenir, dit Salvator. Vous plairait-il de me la raconter ?

Ceux de nos lecteurs qui ont habité ou qui habitent encore la province savent avec quel empressement tout habitant d'une petite ville accepte le moindre incident qui peut rompre la monotonie de sa vie; ils ne s'étonneront donc pas du rayon de plaisir qui illumina les yeux du maire de Viry lorsque celui-ci flaira la distraction quelconque que venait lui offrir cet étranger providentiel. La joie qui éclata sur le visage du brave homme était une injur adressée à la lenteur du temps, et exprimait clairement cette moqueuse pensée : « Autant de pris sur l'ennemi ! »

Il raconta à Salvator l'histoire de M. Gérard, d'Orsola, de M. Sarranti, et des deux enfants dans ses moindres détails : il n'omit rien de ce qui pouvait intéresser son auditeur, et surtout allonger le récit : il eût voulu, le cher homme, multiplier à l'infini les épisodes de cette sanglante aventure, afin de retenir le plus longtemps possible un hôte si précieux. Malheureusement, c'était une imagination médiocre que celle du maire de Viry, et il raconta donc dans son effroyable simplicité toute l'horrible histoire que nos lecteurs connaissent.

En outre, il la raconta à son point de vue, à lui ; de sorte que le personnage intéressant de ce drame fut M. Gérard, qui, dans le récit du digne maire, devenait d'assassin, victime.

Le narrateur s'étendit sur le désespoir de ce même M. Gérard, dont il fit une longue et douloureuse description.

La perte des deux enfants, surtout, avait

été, au dire de M. le maire, si terrible pour son ancien administré, à cause de la grande affection que celui-ci portait à son frère, qu'il ne parlait jamais ni de l'un ni de l'autre sans éclater en sanglots.

Salvator écouta le brave homme avec une attention qui lui conquit toute sa bienveillance.

Puis, quand il eut fini :

— Mais, demanda Salvator, vous m'avez parlé d'un M. Gérard, d'une Orsola, d'un M. Sarranti et de deux enfants...

— Oui, dit le maire.

— N'existait-il pas une madame Gérard?

— Je n'ai pas connu de femme à M. Gérard.

— Vous n'avez connu personne du nom de *madame Gérard ?* Réfléchissez bien.

— Non... à moins que... attendez donc !

Et le maire se mit à rire avec finesse.

— Attendez donc, continua-t-il ; si fait, si fait, il y avait, en réalité, une madame Gérard : c'était la pauvre Orsola, que les gens qui voulaient se mettre bien avec elle appelaient *madame Gérard ;* car, monsieur, ajouta sentencieusement le maire, vous savez que c'est la faiblesse habituelle des concubines de désirer que les inférieurs, ou ceux qui dépendent d'elles, leur donnent le nom qu'elles n'ont pas le droit de porter... Aussi savaient-ils cela, les pauvres petits enfants, et, quand ils voulaient obtenir quelque chose de leur gouvernante, ne manquaient-ils pas de l'appeler *madame Gérard.*

— Merci, monsieur, fit Salvator.

Puis, après une pause :

— Et vous dites, monsieur, demanda-t-il, que jamais, quelques recherches que l'on ait faites, on n'a pu retrouver ni le petit Victor, ni la petite Léonie ?

— Jamais, monsieur ! et cependant, on a bien cherché.

— Vous rappelez-vous ces malheureux enfants, monsieur le maire? reprit Salvator.

— Parfaitement.

— Je parle de leur signalement.

— Comme si je les voyais encore, monsieur! Le garçon avait entre huit et neuf ans, il était beau, frais, blond...

— De grands cheveux? demanda Salvator en frissonnant malgré lui.

— De grands cheveux bouclés qui tombaient jusque sur ses épaules.

— Et la petite fille?

— La petite fille pouvait avoir de six à sept ans.

— Blonde comme son frère ?

— Oh! non monsieur; c'était une nature tout-opposée : mince et brune, elle, avec de grands yeux noirs, magnifiques, qui, à cause de sa maigreur, semblaient tenir tout le visage... Il faut que ce M. Sarranti ait été un fier misérable pour voler ainsi cent mille écus à son bienfaiteur et lui tuer ses deux enfants!

— Mais, demanda Salvator, vous m'avez dit, je crois, que le complice de M. Sarranti, dans cet assassinat, avait été un grand chien que l'on tenait toujours à l'attache, et qu'on redoutait à l'égal d'un tigre.

— Oui, dit le maire, un chien que le frère de M. Gérard avait rapporté du Nouveau-Monde.

— Et, ce chien, qu'est-il devenu?

— Il me semblait vous avoir dit, monsieur, que, dans un moment de désespoir, M. Gérard avait pris sa carabine et l'avait déchargée sur lui.

— De sorte qu'il l'a tué?

— On ne sait s'il est mort; mais comme c'était un chien terrible, il a emporté le coup.

— Vous rappelleriez-vous, par hasard, le nom de ce chien?

— Attendez donc... je vais me le rappeler... il avait un singulier nom... un nom de... comment dirais-je?... il s'appelait ·ésil !

— Ah! fit en lui-même Salvator. Brésil! vous êtes sûr?

— Oui, oui, très sûr!

— Et ce chien si féroce n'a jamais mordu les enfants?

— Au contraire, il les adorait, et particulièrement la petite Léonie.

— Maintenant, monsieur le maire, dit Salvator, il me reste à vous demander une grâce.

— Laquelle? monsieur, laquelle? s'écria le maire, trop heureux de faire quelque chose pour un homme qui interrogeait avec tant de courtoisie, et écoutait avec tant d'attention.

— Je ne saurais demander à visiter le château, qui est habité par des personnes inconnues, continua Salvator, et, cependant...

Il hésita.

— Dites, monsieur, dites! fit le maire,

et, si le renseignement que vous désirez est à ma disposition...

— J'eusse voulu un plan des appartements inférieurs, de la cuisine, du cellier, de la serre.

— Oh! monsieur, dit le maire, c'est chose facile, lors de l'instruction de l'affaire, instruction interrompue par l'absence de M. Sarranti, un plan a été fait en double...

— Et ces deux plans? demanda Salvator, que sont-ils devenus, s'il vous plaît?

— L'un est joint au dossier qui se trouve entre les mains du procureur du roi, l'autre doit être encore dans mes cartons.

— Me serait-il permis, monsieur, demanda Salvator, de prendre une copie de celui qui vous est resté ?

— Certainement, monsieur.

Le maire ouvrit inutilement deux ou trois cartons, puis enfin, tomba sur l'objet qu'il cherchait.

— Voilà ce que vous demandez, monsieur, dit-il. Maintenant, si vous désirez une règle, un crayon, un compas, je puis vous procurer cela.

— Merci ; je n'ai aucunement besoin d'établir une échelle de proportion : il me suffira de prendre un aperçu général des localités.

Salvator copia le plan avec la certitude de main d'un géomètre exercé, et, son dessin fini :

— Monsieur, dit-il en pliant le papier et en le mettant dans sa poche, il ne me reste plus qu'à vous remercier et à vous faire mes excuses de tout le dérangement que je vous ai causé.

Le maire protesta que Salvator ne l'avait nullement dérangé, et essaya même de le retenir à déjeûner avec son *épouse* et ses deux *demoiselles ;* mais, si tentante que fût l'offre, Salvator crut devoir refuser. Le maire, qui ne voulait se séparer de son hôte que le plus tard possible, le reconduisit jusqu'à la porte et, avant de prendre congé de lui, se mit à la disposition du jeune homme pour tout nouveau renseignement qui serait de sa compétence.

Le même jour, Salvator présentait Justin à la loge des Amis de la Vérité, où il le faisait recevoir maçon.

Il va sans dire que Justin accomplit sans sourciller toutes les épreuves : il eût traversé le feu, il eût franchi le pont, aigu comme le tranchant d'un rasoir, qui conduit du purgatoire au paradis de Mahomet! Mina n'était-elle pas au bout du rude et dangereux chemin?

Le lendemain, Justin fut présenté et reçu dans une vente.

A partir de cette seconde réception, Salvator n'eut plus rien de caché pour son ami, et il lui révéla jusqu'aux derniers secrets de cette vaste conspiration qui, commencée en 1815, ne devait donner ses fruits qu'en 1830.

Laissons-les poursuivre cette grande œuvre de l'insurrection, dans laquelle notre histoire trouvera son dénoûment, et, poursuivant cette histoire à travers les sinuosités qu'elle trace, revenons à Pétrus et à mademoiselle de Lamothe-Houdon.

III

Le soir des noces.

Dans cette serre embaumée où nous avons vu Pétrus faire, avec tant d'amour, un portrait détruit avec tant de colère, couchée sur une chaise longue, vêtue de l'habit blanc des mariées, pâle comme la statue du désespoir, mademoiselle Régina de Lamothe-Houdon, ou plutôt la comtesse Rappt, regardait, avec des yeux où se peignait la stupeur, une centaine de lettres éparses autour d'elle.

Celui qui fût entré dans cette chambre, ou qui simplement eût jeté un regard par la porte entre-bâillée, eût compris, en voyant le visage épouvanté de la jeune femme, que la cause de cette terreur muette, c'était la lecture qu'elle venait de faire d'une ou de plusieurs de ces lettres, qu'elle avait laissées tomber à terre avec horreur et dégoût.

Elle resta un instant silencieuse et immobile, tandis que deux larmes coulaient lentement de ses yeux sur sa poitrine.

Puis, d'un mouvement presque automatique, elle fit remonter jusqu'à ses genoux sa main pendante, y prit une lettre encore pliée, la déplia, la porta à la hauteur de ses yeux; mais, à la troisième ou quatrième ligne, comme si elle n'avait pas la force d'aller plus loin, elle laissa tomber la lettre sur le tapis où gisaient déjà les autres.

Alors, elle plongea sa tête entre ses deux mains, et médita quelques instants.

Onze heures sonnèrent dans une chambre voisine.

Elle écarta ses mains de son visage, et écouta, comptant des lèvres et silencieusement les vibrations du timbre.

Quand le onzième coup eut retenti et se fut éteint, elle se leva, ramassa toutes les lettres, en fit un paquet, et les serra dans une chiffonnière dont elle cacha la clé derrière le pied d'un strélitzia; puis, allant à une sonnette, elle en tira le cordon d'un mouvement rapide et nerveux.

Une vieille femme de chambre parut.

— Nanon, dit la jeune fille, il est l'heure; allez à la petite porte du jardin qui donne sur le boulevart des Invalides, et amenez ici le jeune homme que vous trouverez attendant devant la grille.

Nanon traversa le corridor, descendit les quelques marches qui conduisaient au jardin, coupa diagonalement gazons et massifs, et, ayant ouvert la petite porte qui donnait sur le boulevart des Invalides, passa la tête par l'entrebâillement de cette porte, et chercha des yeux celui qu'elle devait conduire près de sa maîtresse.

Pétrus, bien qu'à trois pas d'elle, lui demeurait invisible, effacé qu'il était par un grand orme contre lequel il s'était appuyé, et d'où il regardait les fenêtres de Régina.

Chose étrange! le pavillon qu'habitait

la jeune fille n'était point éclairé; le pavillon qui lui faisait face ne l'était pas davantage; un voile de deuil semblait jeté du haut en bas sur l'hôtel entier.

La seule fenêtre illuminée d'une faible lueur, d'une lueur pareille à celle qu'une lampe mortuaire fait trembler dans un caveau funèbre, était la fenêtre de l'atelier de Régina.

Que s'était-il donc passé? Pourquoi donc toute cette vaste maison n'avait-elle pas un air de fête? Pourquoi n'entendait-on pas la musique d'un bal? Pourquoi ce silence?

En voyant s'ouvrir la petite porte et apparaître la vieille femme de chambre, Pétrus, qui, comme Régina, venait de compter les onze coups du timbre, se détacha de l'arbre auquel il semblait cloué, et demanda :

— N'est-ce pas moi que vous cherchez, Nanon ?

— C'est vous, monsieur Pétrus ; je viens de la part...

— De la princesse Régina, je sais cela, dit le jeune homme impatient.

— De la part de la comtesse Rappt, reprit Nanon.

Pétrus sentit passer un frisson dans ses

veines ; une sueur froide perla sur son front. Il appuya sa main à l'arbre pour se donner un soutien.

A ces mots : « De la part de la comtesse Rappt, il croyait à un contre-ordre. Heureusement, Nanon ajouta :

— Suivez-moi.

Et démasquant la porte, qu'elle referma derrière lui, elle fit entrer Pétrus dans le jardin.

Quelques secondes après, elle ouvrait la porte de l'atelier, et, dans la pénombre, le jeune homme apercevait sa bien-aimée

Régina, ou plutôt, lui sembla-t-il d'abord, le spectre de celle qu'il avait connue.

— Voici M. Pétrus, dit la vieille femme de chambre en introduisant le jeune homme, qui demeura près de la porte.

— C'est bien, dit Régina ; laissez-nous, et restez dans l'antichambre.

Nanon obéit, et Pétrus et Régina se trouvèrent seuls.

Régina fit signe de la main à Pétrus de s'approcher ; mais le jeune homme, sans ouger de place :

— Vous m'avez fait l'honneur de m'écrire, madame, dit-il en appuyant sur ce dernier mot, avec la dureté impitoyable des amants désespérés.

— Oui, monsieur, dit Régina d'une voix douce, car elle comprenait tout ce qu'il devait souffrir, oui, j'ai à vous parler.

— A moi, madame? Vous avez à me parler, le soir d'un jour où j'ai failli mourir de douleur en apprenant que s'était accompli ce mariage qui vous lie à tout jamais à l'homme que je hais le plus au monde?

Régina sourit tristement, et l'on pouvait lire dans ce sourire : « Et moi donc, croyez-vous que je le haïsse moins que vous? »

Puis, tout haut, et avant que ce sourire fût effacé de ses lèvres :

— Prenez le tabouret d'Abeille, dit-elle, et asseyez-vous près de moi.

Dominé par la voix en même temps douce et grave de Régina, Pétrus obéit.

— Plus près, dit la jeune fille, plus près encore... là! regardez-moi bien maintenant... oui, ainsi.

— Mon Dieu! murmura Pétrus, mon Dieu! que vous êtes pâle!

Régina secoua la tête.

— Ce ne sont point là les fraîches couleurs d'une fiancée, n'est-ce pas, mon ami?

Pétrus frissonna, comme si ces deux mots : *mon ami,* étaient un fer aigu pénétrant dans sa poitrine.

— Vous souffrez, madame? dit-il.

Le sourire de Régina prit une teinte de douleur inexprimable.

— Oui, je souffre, répondit-elle, horriblement!

— Qu'avez-vous, madame?... Dites-moi ce que vous avez... Je suis venu ici dans l'intention de vous maudire, et me voilà prêt à vous plaindre!

La jeune femme regarda fixement Pétrus.

— Vous m'aimez ? demanda-t-elle.

Pétrus tressaillit, et tout balbutiant, tout frissonnant :

— Madame... dit-il.

— Je vous demande si vous m'aimez, Pétrus, répéta la jeune femme d'une voix grave jusqu'à la solennité.

— Le jour où, pour la première fois, je suis entré dans cet atelier — et il y a de cela trois mois, madame — je vous aimais déjà, dit Pétrus ; aujourd'hui, comme il y a trois mois, je vous aime, avec cette différence que, vous connaissant davantage, je vous aime mieux!

— Ainsi, je ne m'abusais pas, reprit Régina, lorsque je m'étais dit à moi-même que vous m'aimiez tendrement et profondément. Les femmes ne se trompent point à cela, mon ami! Mais aimer tendrement et profondément, ce n'est qu'aimer un peu plus et un peu mieux qu'on n'aime d'habitude; moi, je veux être pour vous quelque chose de grave et de sacré, de respecté et de cher! Depuis deux heures, mon ami, je n'ai que vous au monde sur qui m'appuyer, et si vous ne m'aimiez pas à la fois comme l'amant aime l'amante, comme le frère aime sa sœur, et comme le père aime sa fille, je ne sais plus qui m'aimerait ici-bas!

— Le jour où je cesserai de vous aimer, Régina, répondit le jeune homme avec la même tristesse solennelle, ce jour-là sera mon dernier jour; car mon amour et ma vie sont animés du même souffle! C'est vous qui m'avez sauvé du désespoir dans lequel m'avait plongé cette époque de doute où nous vivons! Penchant déjà vers l'abîme du néant, dont la profondeur vertigineuse attire notre jeunesse, je croyais l'art perdu pour mon pays, et je menais cette vie inintelligente des jeunes gens de mon âge; j'avais renoncé au travail, j'étais prêt à jeter par la fenêtre palette et pinceaux, et à laisser cette force que Dieu m'avait donnée, cette énergie que je sentais en moi se consumer, s'anéantir dans une activité dangereuse ou dans une apathique résignation !... Un jour, je vous rencontrai, madame, et, de ce jour, je revins à la vie, j'eus foi dans mon art ; ce jour-là, je crus à l'avenir, au bonheur, à la gloire, à l'amour, car votre indulgente bonté me relevait à mes propres yeux, et m'ouvrait toutes les routes enchantées de l'existence ; ne me demandez donc pas, madame, si je vous dois tout mon amour, car je vous répondrai : « Non-seulement tout mon amour, Régina, mais aussi toute ma vie ! »

— Dieu me préserve de douter jamais de vous, mon ami ! répondit Régina, dont le visage se couvrit de la rougeur d'une orgueilleuse joie ; je suis aussi sûre de votre affection que vous pouvez être assuré de la mienne.

— De la vôtre! moi, madame? s'écria Pétrus.

— Oui, Pétrus, reprit tranquillement la jeune femme, et je ne pense pas vous rien apprendre de nouveau en vous disant que je vous aime; si je vous ai interrogé, c'était moins, croyez-moi, pour entendre un serment que je savais m'être fait au fond de votre cœur, que pour écouter quelques paroles d'amour dont j'ai, aujourd'hui surtout, un immense besoin, je vous jure!

Pétrus se laissa glisser de son tabouret à genoux, et, incliné, non pas comme devant une femme qu'on aime, mais comme devant une sainte que l'on adore :

— Écoutez, madame, dit-il à son tour, vous êtes non-seulement la personne que j'aime le mieux, mais encore celle que j'estime, que je respecte, que je vénère le plus au monde !

— Merci, mon ami ! dit Régina en laissant tomber sa main dans celle de Pétrus.

— Et cependant, dit le jeune homme, pour vous aimer ainsi, convenez qu'il faut que je sois bien insensé !

— Pourquoi cela, Pétrus ?

— Parce que vous n'avez pas eu en moi la confiance que j'ai eue en vous.

Régina sourit tristement.

— Je vous ai caché mon mariage, dit-elle.

Pétrus se tut, ou plutôt ne répondit que par un soupir.

— Hélas ! continua Régina, ce mariage, je voulais le cacher à moi-même ! J'espérais toujours que quelque catastrophe imprévue, quelqu'un de ces événements sur lesquels comptent les désespoirs, arriverait, qui l'empêcherait de s'accomplir. Alors, je vous eusse dit, pâle et tremblante comme le voyageur qui vient d'échapper à un danger de mort, je vous eusse dit : « Ami ! mais voyez comme je suis pâle et tremblante ! C'est que j'ai manqué vous perdre pour toujours, c'est que nous avons failli être séparés à jamais ! Mais me voilà, rassurez-vous ; aucun péril ne me menace plus, et je suis à vous, bien à vous ! » Les choses n'ont point été ainsi : les jours ont marché de leur pas ordinaire, sans événement imprévu, sans catastrophe bienfaisante ; les heures ont succédé aux heures, les minutes aux minutes, les secondes aux secondes ; l'instant fatal est arrivé comme il arrive pour le condamné : après le rejet du pourvoi en cassation, le rejet du pourvoi en grâce, puis le prêtre, puis le bourreau !

— Régina! Régina! et que suis-je, moi? Pourquoi m'appelez-vous? Que viens-je faire ici?

— Vous le saurez tout à l'heure.

Pétrus chercha des yeux une pendule : en ce moment, celle qui était dans la chambre voisine sonna la demie.

— Oh! dites-le-moi vite, madame, reprit Pétrus; car, selon toute probabilité, je n'ai plus longtemps à rester près de vous!

— Qu'en savez-vous, Pétrus, et pourquoi répondre à ma tristesse par un mot amer?

— Mais enfin, madame, vous êtes mariée, mariée d'aujourd'hui! Votre mari est dans le même hôtel que vous, et il est onze heures et demie du soir...

— Écoutez-moi, Pétrus, reprit Régina, vous êtes un grand cœur, le noble enfant d'une généreuse terre; on dirait que vous êtes né et que vous avez vécu dans un autre siècle que le nôtre. Vous avez la bravoure et la candeur, la hauteur et la loyauté des anciens preux qui s'en allaient mourir en Terre-Sainte; votre candeur n'admet pas la ruse, votre loyauté ne soupçonne pas le mensonge; incapable de faire le mal, à moins que vous ne soyez aveuglé par une passion quelconque, vous ne croyez qu'au bien. Le monde où je vis en réalité, mon ami, est fait de toute autre sorte que celui où vous vivez en imagination : ce qui lui paraît tout simple, à lui, vous semblerait indigne, à vous ; ce qu'il croit naturel vous paraîtrait haïssable... voilà pourquoi j'ai attendu aujourd'hui pour vous dire mon chagrin ; voilà pourquoi j'ai attendu ce soir pour vous faire assister à quelque chose comme à la révélation d'un crime.

— D'un crime ! balbutia Pétrus. Que voulez-vous dire, Madame ?

— D'un crime, oui, Pétrus.

— Oh ! murmura le jeune homme, ce que je soupçonne était donc vrai ?

— Que soupçonnez-vous? Voyons, dites-moi cela, mon ami.

— Eh bien, madame, je soupçonne d'abord que l'on vous a mariée contre votre volonté; que de votre mariage dépendait la fortune ou l'honneur de l'un des membres de votre famille. Je crois, enfin, que vous êtes victime d'une de ces spéculations atroces permises par la loi, parce qu'elles sont mystérieusement abritées sous le toit discret de la famille... J'approche de la vérité, n'est-ce pas?

— Oui, dit Régina d'une voix sombre, oui, Pétrus, c'est cela!

— Eh bien, me voici, Régina, continua

Pétrus en serrant les mains de la jeune femme ; vous avez besoin de moi, sans doute ? vous avez besoin d'un cœur et d'un bras de frère, et vous m'avez choisi pour quelque œuvre de dévoûment et de protection ? Vous avez bien fait, et je vous rends grâce ! Maintenant, ma sœur bien-aimée, dites-moi tout ce que vous avez à me dire... Parlez, je vous écoute à deux genoux !

En ce moment, la porte de l'atelier s'ouvrit brusquement, et la vieille femme de chambre qui, dix-neuf ans auparavant, avait reçu Régina entre ses bras, parut dans l'encadrement de la porte.

Pétrus voulut se relever et se rejeter sur

son tabouret ; mais, Régina, au contraire, le maintint à sa place en lui appuyant la main sur l'épaule.

— Non, restez ! dit-elle.

Puis, se retournant vers Nanon :

— Eh bien, qu'y a-t-il, ma bonne chérie ? dit Régina.

— Pardonnez-moi d'entrer ainsi, madame, dit la vieille femme ; mais c'est M. Rappt...

— Il est là ? demanda Régina avec un accent de suprême hauteur.

— Non ; mais il fait demander par son

valet de chambre si madame la comtesse est prête à le recevoir.

— Il a dit *madame la comtesse ?*

— Je répète les propres paroles de Baptiste.

— C'est bien, Nanon ; dans cinq minutes, je le recevrai.

— Mais, dit Nanon, en indiquant Pétrus du geste, mais monsieur…

— Monsieur reste ici, Nanon, dit Régina.

— Mon Dieu ! murmura Pétrus.

— Monsieur ?… demanda Nanon.

— Va porter ma réponse à M. Rappt, et ne t'inquiète de rien, ma bonne Nanon ; je sais ce que je fais.

Nanon se retirá.

— Pardonnez-moi, madame, s'écria Pétrus en se dressant tout debout, aussitôt que la vieille femme de chambre eut refermé la porte ; mais votre mari ?...

— Ne doit pas vous voir et ne vous verra point ici.

Et elle alla fermer la porte et pousser le verrou, afin que le comte Rappt ne pût point entrer sans frapper.

— Mais, moi ?

— Vous, vous devez voir et entendre ce qui va se passer, afin que vous puissiez rendre témoignage un jour de ce qu'a été la nuit de noce du comte et de la comtesse Rappt.

— Oh ! tenez, Régina, dit Pétrus, je deviens fou, car je ne vous comprends pas, car je ne devine point ce que vous voulez dire.

— Mon ami, reprit Régina, fiez-vous à moi pour ménager votre cœur, en même temps que j'en appelle à votre loyauté. Entrez dans ce boudoir, c'est là que j'enferme mes fleurs les plus précieuses.

Le jeune homme hésitait encore.

— Entrez, insista Régina. L'obscurité dont mes paroles sont couvertes, le mystère dont ma vie à venir sera enveloppée, l'insupportable contrainte où nous serions forcés de vivre l'un vis-à-vis de l'autre, si vous ne portiez pas la moitié de mon terrible secret, tout m'impose, à titre de devoir, ce que je fais en ce moment... Oh! c'est une horrible histoire que celle qui va vous être révélée, Pétrus. Mais ne jugez pas légèrement, mon ami; ne condamnez pas avant d'avoir entendu, ne haïssez pas avant d'avoir apprécié.

— Non, Régina, non, je ne veux rien entendre; non, j'ai foi en vous, je vous aime, je vous respecte... Non, je n'entrerai pas là!

— Il le faut, mon ami; d'ailleurs, il est trop tard maintenant pour vous retirer : vous le rencontreriez sur votre chemin; je ne serais pas justifiée près de vous, et je serais soupçonnée par lui.

— Vous le voulez, Régina?

— Je vous en supplie, Pétrus, et au besoin je l'exige!

— Que votre volonté soit faite, ma belle madone! ma douce reine!

— Merci, mon ami, dit Régina en lui tendant la main. Et maintenant, entrez dans ma petite orangerie, Pétrus : elle a reçu mes plus secrètes pensées, c'est vous dire qu'elle vous reconnaîtra. C'est mon confessionnal embaumé!

Elle souleva la tapisserie.

— Asseyez-vous là, au milieu de mes camélias, près de la porte, pour tout entendre. C'est ma place favorite quand je veux rêver. Les camélias sont à la fois de brillantes et de modestes fleurs du Japon, qui ne vivent bien que dans le demi-jour; j'aurais voulu naître, vivre et mourir comme elles! — J'entends des pas; entrez, mon ami. Écoutez et pardonnez à qui a souffert.

Pétrus ne résista pas davantage; il entra dans la petite orangerie, et Régina laissa retomber sur lui la portière.

En ce moment, les pas s'arrêtèrent devant la porte, et après quelques secondes d'hésitation, on frappa.

Puis la voix du comte Rappt demanda :

— Peut-on entrer, madame?

Régina devint pâle comme si elle allait mourir, et cependant la sueur perla sur son front.

Elle essuya son visage avec un mouchoir de fine batiste, respira, puis, d'un pas ferme, allant à la porte et l'ouvrant :

— Entrez, mon père, dit-elle à haute voix.

IV

La nuit de noce de M. le comte et de madame la comtesse Rappt.

Pétrus frissonna.

Quant au comte Rappt, il pâlit et recula de trois pas en entendant cette foudroyante appellation.

— Que dites-vous, Régina ? s'écria-t-il

d'une voix dans laquelle se manifestait un étonnement qui allait jusqu'à la terreur.

— Je vous dis que vous pouvez entrer, *mon père*, répéta la jeune fille d'une voix assurée.

— Oh !. murmura Pétrus , c'était donc vrai ce que me disait mon oncle !

— M. Rappt entra la tête courbée. Il ne se sentait pas l'audace d'affronter le coup d'œil de la jeune fille.

— Je sais tout, monsieur, continua froidement Régina. Comment je l'ai providentiellement appris, je n'ai pas besoin de vous le dire. Dieu sans doute a voulu nous épargner à tous deux un crime terrible en mettant entre mes mains une preuve irrécusable de votre liaison avec ma...

Régina s'arrêta, n'osant pas dire :

Avec ma mère...

— Je venais, balbutia le misérable que Régina tenait palpitant sous son regard, vous demander une entrevue et pas autre chose. Je vous eusse expliqué mes doutes, mes craintes, que rien ne justifie cependant.

Régina tira de sa poitrine une lettre prise au hasard dans cette correspondance que nous avons vue éparse à ses pieds, et qu'elle avait mise à part avant de serrer le reste dans la chiffonnière.

— Reconnaissez-vous cette lettre? dit-elle. C'est celle où vous recommandez à la femme de votre ami, de votre protecteur, presque de votre père, de veiller sur votre enfant!... Au lieu de faire cette recommandation impie à une mère, vous eussiez bien dû demander à Dieu de rappeler cette enfant à lui.

— Madame, dit le comte plus atterré que jamais, je vous l'ai dit, je venais pour avoir une explication avec vous, mais vous êtes trop émue en ce moment et je me retire.

— Oh! non, monsieur, dit Régina, de

pareilles explications, puisque vous appelez cela ainsi, ne se reprennent pas à deux fois. Restez et asseyez-vous.

Le comte Rappt, entièrement dominé par la fermeté de Régina, se laissa tomber sur un canapé.

— Mais, que comptez-vous faire, madame! demanda-t-il.

— Oh ! je vais vous le dire, monsieur. Vous m'avez épousée non point par amour, heureusement, ce qui serait une action atroce, mais par cupidité, ce qui est un calcul infâme, voilà tout. Vous m'avez épousée pour que mon immense fortune ne passât point entre des mains étrangères. Vous n'eussiez pas été plus loin, je le sais, je l'espère, du moins, souillé d'un crime puni par les hommes, mais qui peut rester ignoré des hommes, vous n'eussiez point osé vous souiller d'un crime impardonnable devant ce Dieu à la justice duquel on ne cache rien. Pour tout dire, c'est l'héritière de la comtesse de Lamothe-Houdon et non votre fille que vous avez épousée.

— Régina! Régina! murmura sourdement le comte la tête basse, les yeux fixés sur la terre.

— Vous êtes à la fois ambitieux et dissipateur, continua la jeune femme. Vous avez de grands besoins, et ces grands besoins vous mettent en face de grands crimes. Devant ces crimes, un autre reculerait peut-être, vous point. Vous épousez votre fille pour deux millions, vous vendriez votre femme pour être ministre.

— Régina! répéta le comte du même ton.

— Demander notre divorce est impossible, le divorce est aboli. Demander notre séparation est un scandale. Il faudrait en dire la cause; ma mère en mourrait de honte, mon père de douleur. Nous devons donc rester indissolublement liés l'un à l'autre, mais devant la société seulement, car, devant Dieu, monsieur, je suis libre et je veux rester libre.

— Qu'entendez-vous par là? madame, demanda le comte en essayant de relever la tête.

— En effet, il faut que nous nous comprenions bien l'un et l'autre, et je vais m'expliquer aussi clairement que possible. Pour prix de mon silence, pour prix de la vie étrange et stérile à laquelle vous m'avez condamnée, je vous demande la liberté la plus illimitée dont puisse jouir une femme : une liberté de veuve! car vous comprenez bien qu'à partir de ce jour, vous êtes mort pour moi comme mari. Quant au titre de père, vous n'aurez pas l'audace de le réclamer, je le présume. D'ailleurs mon père, mon vrai, mon seul père, celui que je peux aimer, respecter, vénérer, chérir, c'est le comte de Lamothe-Houdon. Vous me donnerez cette liberté, et, je vous en préviens, si vous ne me la donnez pas, je la prends. En retour, je vous abandonne la moitié de ma fortune à venir — deux millions. Vous ferez dresser l'acte par mon notaire, et, quand vous voudrez, j'y apposerai ma signature. Trouvez-vous quelque chose à redire à cela?

Le silence du comte Rappt commençait à devenir de la méditation. Il leva lentement les yeux sur Régina, mais rencontrant le regard fier et assuré de la jeune fille, il se sentit terrassé de nouveau, et les abaissa une seconde fois.

La contraction musculaire du bas de son visage indiquait seule la lutte intérieure qu'il soutenait. Enfin, au bout de quelques instants, il reprit la parole, et d'une voix basse encore et pesant chacune de ses paroles :

— Avant d'accepter ou de refuser les propositions que vous me faites, Régina, dit-il, laissez-moi causer un moment avec vous, et permettez-moi de vous donner un bon conseil.

— Un bon conseil, vous ! monsieur. Un bon fruit sur un mauvais arbre !

Et la jeune femme secoua dédaigneusement la tête.

— Laissez-moi toujours vous le donner. Vous serez libre de le suivre ou de le repousser.

— Parlez, monsieur, dit Régina, je vous écoute !

— Je ne tenterai pas d'excuser ce que ma conduite peut avoir d'étrange à vos yeux.

— A mes yeux ! fit dédaigneusement Régina.

— Aux yeux du monde, si vous voulez ! Je connais mon crime dans toute son étendue. Par bonheur, en le commettant comme vous l'avez dit, j'ai cédé, non pas à un entraînement, mais à un calcul. Permettez-moi toutefois de vous dire qu'il n'y a de crime réel, que l'action qui blesse la société ou qui offense Dieu. En vous épousant, je n'ai pas offensé Dieu, je n'ai pas blessé la société. La société n'est blessée que de ce qu'elle sait, et elle ne saura jamais que je suis votre père. Au contraire, si quelques soupçons ont jamais plané sur la maréchale, ces soupçons se dissiperont en vous voyant devenir ma femme. Je n'ai point offensé Dieu, car si j'ai voulu, dans un but dont la grandeur m'excuse, vous épouser aux yeux des hommes, comme vous l'avez fort bien dit, je vous eusse toujours respectée devant Dieu. Mais je ne prétends pas, je vous le répète, me justifier. Non ! j'en veux simplement venir à ce conseil que je croyais de mon devoir de vous donner.

— Je vous laisse dire, monsieur, car à la difficulté de votre élocution, à la construction embrouillée de vos phrases, je comprends que vous avez besoin d'un certain temps pour vous remettre.

—M'y voici ! madame, dit le comte Rappt avec une voix qui, en effet, s'affermissait de plus en plus. Vous me demandez votre liberté illimitée ! Il va sans dire que je vous la donne et qu'en tout état de choses je vous l'eusse donnée, — mais dans la situation où nous sommes à bien plus forte raison, car je n'ai le droit d'exiger ni votre affection, ni votre indulgence : seulement rappelez-vous, madame, qu'il est des respects et des devoirs sociaux auxquels les lois condamnent la femme mariée.

— Continuez, monsieur, je n'ai pas encore saisi toute votre pensée.

— Je dis donc, madame, que je reconnais assez la grandeur de mon crime pour ne point réclamer de vous la moindre affection. Mais j'ai vécu assez pour savoir que la femme, malgré la justesse de ses répugnances, est tenue, aux yeux du monde, à certaines convenances dont dépendent la position sociale d'un mari. Ainsi, permettez-moi de vous le dire, madame, depuis quelques jours, il court sur votre compte certains bruits qui, s'ils étaient fondés, exciteraient en moi la plus profonde tristesse. Un petit journal, ce matin, en annonçant notre mariage, se permet de faire des allusions fort transparentes à une histoire amoureuse dont vous seriez l'héroïne. Il va même jusqu'à désigner, par des lettres initiales, le nom d'un jeune homme qui en est le héros. Eh bien ! Régina, je crois devoir vous en donner l'avis paternel. Pardonnez-moi de prendre à l'endroit de ces bruits vos intérêts plus que vous ne faites vous-même, et d'entrer si brutalement dans vos secrets.

— Je n'ai pas de secrets, monsieur ! s'écria impétueusement la jeune fille.

— Oh ! je sais, en effet, Régina, si vous

avez éprouvé un sentiment quelconque pour ce jeune homme, que ce sentiment n'avait rien de sérieux, que c'était un simple caprice, ou, mieux encore, que vous avez voulu, voilà tout, vous amuser aux dépens de sa vanité.

— En vérité, monsieur, vous m'offensez, s'écria la jeune femme, et je ne vous reconnais pas le droit de m'adresser de semblables paroles.

— Écoutez-moi, Régina, reprit le comte, retrouvant ou feignant de retrouver peu à peu son sang froid habituel, je ne vous parle ici ni en mari, ni en père ; je vous parle en précepteur ; car n'oubliez pas que j'eus l'honneur de vous avoir pour élève; c'est sur ce double titre que je fonde mon droit de vous avertir, de vous conseiller, de vous prémunir quand le hasard m'en donne l'occasion. A peine étiez-vous femme, Régina, que vous étiez déjà un esprit en rapport avec le mien — un regard dédaigneux de Régina essaya d'interrompre le comte — un esprit supérieur, si vous l'aimez mieux, reprit celui-ci, un esprit fort au-dessus de votre âge et de votre sexe. Chargé par votre tante et par votre père de veiller sur vous et de faire autant que possible entrer dans votre cœur la virilité qui était dans votre esprit, j'ai fécondé par une étude patiente, par une éducation de toutes les heures, les germes que la nature avait déposés en vous, et, grâce à ces soins minutieux, vous possédez maintenant toute la fermeté, toute l'indomptable énergie d'un homme. Eh bien! c'est au moment de recueillir les fruits de ces incessants labeurs, c'est au moment où j'ai cru avoir fait de vous un être intelligent, une âme d'élite, une femme forte, c'est en ce moment que vous m'abandonnez. Mon action de m'unir à vous à tout jamais vous effraie, vous épouvante. Je vais vous dire quel était mon projet. Notre union n'était point un mariage, Régina; c'était une indissoluble association, qui, au lieu du plat bonheur conjugal réservé aux époux, devait nous donner les trois grands biens de ce monde, les trois ambitions réalisées de tous les cœurs puissants: la richesse, le pouvoir, la liberté. Quoi! nous avons jusqu'ici — je dis *nous*, car vous pouvez revendiquer une large part dans mes actes – nous avons jusqu'ici, sans que je possède aucun titre apparent dans l'État, aucune influence visible dans les affaires, nous avons jusqu'ici, à peu près gouverné ce beau, ce bon, ce docile pays qu'on appelle la France, et nous nous arrêterions là! Je suis à la veille d'être ministre, car vous comprenez bien que ce ministère, qui dure depuis cinq ans, ébranlé qu'il est de toutes parts, est près de céder la place à un autre ministère, qui durera cinq autres années peut-être, cinq années, comprenez-vous, Régina, le temps que dure la présidence d'un Washington ou d'un Adams. Il ne me faut pour arriver là qu'une fortune visible, une position assurée, et alors je fais asseoir près de moi votre père, et nous commandons à trente-cinq millions d'hommes, car, sous un gouvernement constitutionnel, le chef du conseil est le véritable roi. Pour seconder ce désir ardent de ma vie, pour m'aider dans cette merveilleuse entreprise, à qui est-ce que je m'adresse? quelle est la femme que je veux faire, non pas la compagne asservie de mon existence, non pas l'esclave de mes caprices et de ma volonté, mais l'associée de mon pouvoir? vous, Régina. Et voilà qu'au moment où nous touchons à ce but splendide, au lieu de planer avec moi au-dessus des préjugés du monde, au-dessus des faiblesses de l'humanité, voilà que vous débutez d'abord par ne pas comprendre qu'on n'arrive pas à de pareilles hauteurs sans fouler aux pieds quelques préjugés ; mais ce n'est pas tout, voilà que vous mettez sous mon pied le ridicule, ce caillou stupide qui parfois fait rouler jusqu'au fond de l'abîme le voyageur qui allait toucher le faîte de la fortune. Régina ! Régina ! je vous le déclare, je pensais mieux de vous.

La jeune femme avait écouté le comte, non pas avec un dégoût moins grand, mais avec une attention plus réelle. Elle était étonnée que l'on pût trouver une excuse, si mauvaise qu'elle fût, à une pareille action, et je ne sais si l'on nous comprendra, ou plutôt, si l'on comprendra chez une femme surtout, la largeur d'horizon que pouvait embrasser un pareil caractère, elle était en quelque sorte curieuse, au point de vue de la philosophie, de voir jusqu'où l'homme détourné, soit par un méchant esprit, soit par une fausse éducation, de la bonne voie, pouvait pénétrer dans la mauvaise.

Elle répondit donc avec plus de calme que l'on n'aurait dû s'y attendre.

— Oui, vous avez raison, monsieur, je suis votre élève et, dès mon extrême jeunesse, je reconnais avoir reçu de vous les plus pernicieux conseils. Vous avez réprimé toutes les aspirations de mon âme vers le beau, tous les éléments de mon cœur vers le bon, toutes les sympathies de mon imagination vers le grand, voulant faire de moi, et je vous comprends, maintenant que votre projet m'est révélé, voulant faire de moi votre confidente, votre associée, votre complice, une sorte de marchepied de votre ambition; votre scepticisme, au contraire du laboureur de l'Evangile, qui arrache l'ivraie au profit du bon grain, votre scepticisme s'est attaché à arracher les meilleurs sentiments au profit des moins bons, les moins bons au profit des pires. Vous m'avez enseigné la ruse, la dissimulation, la fausseté, et vous avez mis à me faire faire cette étude un soin minutieux, je vous l'accorde; vous m'avez appris comment, en obliquant les yeux, on peut voir les gens sans les regarder en face; comment on peut paraître calme quand on est agitée, joyeuse quand on est triste. Vous m'avez initiée à tous ces mystères du mensonge, auxquels vous avait initié madame de la Tournelle, qui les tenait directement des jésuites, ces grands maîtres dans l'art de tromper. Votre inépuisable sollicitude, je le reconnais, ne s'est pas une fois démentie pendant les huit ou dix années où vous aviez entrepris la laborieuse tâche de mon éducation, et quand vous m'avez enfin crue votre égale, c'est-à-dire sans noblesse, sans franchise, sans générosité, vous avez essayé de développer en moi les désirs ambitieux et le goût de l'intrigue. Est-ce cela, monsieur?

— Appelons les choses par leur nom, madame, dit le comte Rappt en essayant de sourire, le goût de la diplomatie.

— De la diplomatie si vous voulez, mon

sieur. Je hais autant l'une que l'autre, et ces deux sœurs jumelles de l'ambition me sont également et parfaitement odieuses. Oui, vous m'avez appris tout ce que je devais ignorer ; oui, vous m'avez laissé ignorer tout ce que je devais savoir ; oui, vous m'avez, en un mot, enseigné la terrible science du bien et du mal. J'en rougis, monsieur, je le reconnais ; j'avoue même, à ma honte et à votre gloire, que j'ai éprouvé une sorte de curiosité, un semblant d'intérêt à faire avec vous autour du cœur humain le désolant voyage de la désillusion et du désenchantement. Mais de ce voyage, monsieur, je suis revenue pleine d'épouvante. A force de vous voir mettre à nu devant moi, comme des plaies hideuses, tous les vices enfoncés dans le cœur de l'humanité, car votre scalpel ne respectait personne, j'ai acquis, jeune encore, au prix peut-être du bonheur de ma vie tout entière, cette vieillesse prématurée, cette précoce décrépitude du cœur qu'on appelle l'expérience, et qui n'est autre chose que l'ensevelissement et la mise au tombeau de tout ce qu'il y a de doux, de noble et de pur en nous. Et vous ne voudriez pas, monsieur, continua Régina avec une énergie croissante, et vous ne voudriez pas, quand je suis morte à toute chose, quand vous m'assassinez civilement, vous ne voudriez pas, moi à qui vous avez tout ôté, père, mère, famille, vous ne voudriez pas que j'acceptasse la main loyale qu'un ami me tend pour me relever ! Eh bien ! sachez une chose, monsieur, et qu'elle soit votre remords, c'est que, malgré vous, malgré votre éducation empoisonnée, Dieu m'a donné une vertu qui repose sur des principes arrêtés, fixes, inébranlables. Je saurai vivre irréprochable, monsieur!... mais laissez-moi vivre!

V

La nuit de noces de M. le comte et de madame la comtesse Rappt (suite).

Le comte Rappt regarda un instant Régina, et secouant la tête :

— Au point où vous en êtes, Régina, dit-il, et pour vous dire la vérité, je vous crois incap ble de ressentir une passion sérieuse, d'aimer franchement, véritablement. — Régina fit un mouvement. — Oh! ce n'est point un reproche que je vous fais, c'est un éloge que je vous donne. L'amour n'est que la passion des gens qui n'en ont pas d'autre. C'est un détail dans la vie, ce n'est pas son but. C'est un accident riant ou terrible du grand voyage que l'homme fait en ce monde. Il faut le supporter mais non courir au-devant, le dompter et non s'y soumettre. Vous avez un discernement supérieur, une raison suprême... Appelez-les à votre aide, interrogez-les, et vous verrez que ces sortes de liaisons, que je vous invite à ne pas faire ou à ne faire que le plus rarement et le plus scrupuleusement possible, finissent toujours mal. Et cela est logique : l'adultère porte en soi sa propre condamnation, car l'homme qui aime une femme mariée, s'il est un honnête homme, ne peut estimer celle qu trompe un mari et risque de déshonorer ses enfants. Ajoutez à ceci, Régina, que cet homme sera infailliblement votre inférieur, inférieur en nom, en fortune, en intelligence, car je connais peu d'hommes d'une valeur égale à la vôtre, étant plus forte que lui, vous le protégerez. Eh bien! ce que vous nommez aujourd'hui son amour, vous l'appellerez demain sa faiblesse; dès-lors vous mépriserez cet homme. Quant à lui, un jour ou l'autre, il reconnaîtra votre supériorité, il rougira du rôle d'amant servile que vous lui aurez fait accepter, et il vous haïra.

— Si l'homme que j'aime, entendez-vous

bien, monsieur, s'écria Régina d'une voix éclatante — je dis que *j'aime* et non pas que j'aimerai — si l'homme que j'aime a jamais de la haine pour moi, c'est que je serai mauvaise ; c'est que vos odieux principes, votre éducation empoisonnée, malgré tous les efforts que j'ai faits pour leur échapper, auront porté leurs fruits. Alors sa haine, jointe à la mienne, retombera sur vous, la cause, le principe, l'auteur du mal. Mais non ! cela n'arrivera point, je continuerai l'œuvre commencée; tout ce que vous avez semé de mauvais en moi, je l'arracherai, et, en supposant que mon âme, ce miroir de Dieu, ait été ternie un instant, je retrouverai l'âme de mon enfance, ou je me ferai une âme nouvelle.

— Oh! quant à cela, dit le comte Rappt en souriant, il est trop tard.

— Non ! Dieu clément, dit Régina avec exaltation, non ! il n'est pas trop tard, et, si cet homme m'entendait, il saurait que j'ai déjà noyé toutes les misères de ma vie dans l'océan de tendresse que Dieu avait mis dans son cœur.

Le comte regarda Régina avec un certain étonnement.

— Puisque votre haute raison veut être sourde aujourd'hui, Régina, dit-il, redescendons des hauteurs de la philosophie sociale dans ce qu'il vous plaît d'appeler les bas-fonds des intérêts matériels. Je vais donc vous parler de mon plus cher désir, de mon unique ambition.

Régina, vous le savez, je veux être ministre.

Régina inclina la tête, signe qui équivalait à cette réponse.

— Je sais que c'est votre désir.

— J'ai beaucoup d'ennemis, Régina, continua le comte Rappt, tous mes amis d'abord. Je me soucie fort peu du ridicule qu'on peut jeter sur ma vie politique. On sait ce que valent de pareilles attaques, mais je ne veux pas, vous entendez, Régina, je ne veux pas que ma vie privée en soit atteinte. Vous savez le mot de cet autre ambitieux que l'antiquité nous a légué comme le type de l'espèce :

« La femme de César ne doit pas même être soupçonnée. »

— Je suppose d'abord, répondit ironiquement Régina, que vous n'avez point la prétention d'être le César des temps modernes. En outre, faites attention que cette maxime, à laquelle j'applaudis de tout mon cœur quand elle s'applique aux circonstances ordinaires de la vie, dit : *La femme* de César, vous entendez, monsieur, *la femme !*

— Eh ! madame, quelque chose que vous me soyez ou que vous ne me soyez pas, aux yeux du monde vous êtes toujours ma femme.

— Oui, monsieur, mais aux yeux de Dieu je suis votre victime, et laissez-moi partir de ce point de vue-là.

— Par grâce, madame, redescendons sur la terre !

— Vous m'y forcez ?

— Je vous en prie.

— Soit ! monsieur, dit Régina toute fiévreuse, c'est à regret, je vous l'avoue, que j'entre dans de pareils détails. Vous avez une maîtresse...

— C'est faux! madame, s'écria le comte Rappt bondissant à cette blessure comme le taureau sous l'aiguillon du bandillero.

— Reprenez votre sangfroid, monsieur. Devant moi, je ne vous permets pas la colère. Vous avez une maîtresse : elle est petite, elle est blonde, elle a trente ans, elle est l'amie de madame de Marande, elle s'appelle la comtesse de Gasc, elle demeure rue du Bac, n° 18.

— Je ne sais si votre police vous coûte cher, madame, mais ce que je sais, c'est que, si mal payée qu'elle soit, elle vous vole votre argent.

— Elle demeure rue du Bac, n° 18, continua froidement Régina. Vous allez chez elle les lundi, mercredi et vendredi. Vous vous compariez tout à l'heure à César, qui était le courage ; il ne vous en coûtera pas plus de vous comparer à Numa, qui était la sagesse. C'est votre seconde Égérie. La première, c'est madame la marquise de la Tournelle, votre mère. Je n'ai pas besoin de payer mal ou bien une police pour savoir ces choses, elles sont de notoriété publique. Il n'y a pas une feuille libérale qui n'ait dit cela depuis deux ans.

— C'est une calomnie absurde, madame, et, en vérité, j'ai peine à comprendre comment vous vous faites l'écho de misérables pamphlétaires.

— Merci ! monsieur, je ne suis point

fâchée de connaître votre opinion sur les journaux. Lorsque vous viendrez désormais me dire qu'ils me font l'honneur de s'occuper de moi, je vous répondrai par vos propres paroles.

Le comte Rappt se mordit les lèvres, puis vivement et comme un homme qui a trouvé un argument sans réplique :

— La différence qu'il y a entre vous et moi, Régina, dit-il, c'est que moi je nie formellement les sottises qu'on me prête, tandis que vous n'hésitez pas, vous, à avouer les torts dont on vous accuse.

— Que voulez-vous? monsieur, vous m'avez fait une position exceptionnelle, ne vous étonnez donc pas que je devienne une exception. Oui, il y a une différence entre nous, une grande, monsieur. Je suis franche, vous, vous vous abaissez au mensonge; seulement, vous mentez inutilement. Depuis longtemps, excepté la chose terrible que j'ai apprise trop tard malheureusement, car, si je l'eusse sue, aucun pouvoir humain ne m'eût forcé de dire *oui* devant l'autel, depuis longtemps, je sais à quoi m'en tenir sur tous les détails de votre existence. Je pourrais vous dire, à mille francs près, non-seulement ce que cette femme reçoit de vous — je ne tiens pas à l'argent — ne m'interrompez donc point, mais ce qu'elle touche de la police, car l'honnête créature qui vous vend son corps, à vous, a vendu son âme à vos amis.

Mais vous voilà riche et je vous autorise à prendre ce que vous voudrez sur ma dot pour acheter madame de Gasc tout entière.

— Madame !

— Oui, je suis de votre avis, je m'éloignais de la question ; je l'ai fait avec dégoût, mais loyalement. Plus un mot sur ce sujet. Je vous remercie de me le demander, car cette demande prouve que vous, qui respectez si peu de choses, vous avez cependant conservé quelque respect pour moi.

— Ce respect, madame, il ne tient qu'à vous de l'avoir tout entier.

— Et que faut-il faire pour cela, monsieur ?

— Renoncer à l'homme qui vous aime.

— Renoncer à lui ! vous me dites de renoncer à lui, je crois. Eh ! monsieur, sans l'horrible secret qui m'a été révélé, c'était déjà fait, et je ne l'eusse jamais revu, car, à tout prendre, vous étiez mon mari, et du moment que je vous avais accepté comme tel devant Dieu et devant les hommes, je vous fusse restée fidèle. Oh ! vous me connaissez et vous n'en doutez pas. Mais voilà que, par un crime inouï, par un de ces crimes qu'on ne retrouve que dans les sociétés antiques, échappé des mains de la fatalité, voilà que vous renversez toute mon existence, et vous croyez que je subirai l'arrêt de votre calcul comme je subirai celui de la fatalité, en victime résignée, que renversée par vous, je ne me relèverai pas? Oh! vous êtes fou, vraiment! Voilà un homme qui m'est envoyé par le Seigneur pour être mon appui au moment où tout appui me manque, qui devient, par la toute-puissance divine, ma pensée unique, mon seul avenir, ma vie enfin, et vous venez me dire froidement, vous coupable, vous criminel, vous indigne, vous incestueux, vous venez me dire de renoncer à lui, mais je ne vous ai donc pas encore dit combien je l'aimais, cet homme!

M. Rappt hésita un instant avant de

savoir s'il le prendrait sur le ton de la colère ou de l'ironie.

La colère lui avait mal réussi, il essaya de l'ironie.

— Bravo! madame, bravo! dit-il, en applaudissant des mains.

— Monsieur, s'écria Régina avec un mouvement de lionne blessée, je ne suis pas une comédienne pour que vous vous permettiez de m'applaudir, et si je joue un rôle, c'est dans le drame de ma pauvre vie, auquel Dieu, je l'espère, fera le dénouement que méritent le crime et l'innocence.

— Pardon, madame; reprit le comte avec

une obéissance feinte, cela tient sans doute à l'habitude que vous avez de fréquenter des artistes. Mais vous avez dit ces derniers mots si dramatiquement, que je me suis cru au théâtre.

— Vous vous trompiez, *mon père*, répondit Régina avec une implacable fermeté, vous êtes dans la chambre de *votre fille*, et si l'un de nous deux joue une odieuse comédie, c'est vous, vous qui avez un masque au lieu d'un visage, vous qui avez de vos mains dressé les tréteaux où depuis quinze ans vous jouez tous les rôles. Ah! vous parlez de théâtre et de comédie, et que faites-vous donc, vous, si ce n'est jouer la comédie? La duchesse d'Herefort est toute-puissante à la cour d'Angleterre, où vous espérez être envoyé un jour comme ambassadeur, et il n'est pas de tendresse que vous ne fassiez aux enfants de lady Herefort. Comédie! car vous haïssez les enfants. Que ne haïssez-vous pas, d'ailleurs! Quand vous vous rendez en voiture, soit à la cour, soit au ministère, soit à la Chambre, vous avez toujours un livre à la main. Comédie! car vous ne lisez pas, à moins que vous ne lisiez Machiavel. Quand la première chanteuse des Italiens chante, vous l'applaudissez et vous criez bravo, comme vous faisiez tout à l'heure, et, une fois rentré, vous lui écrivez des pages sur la musique. Comédie! Car vous ne pouvez souffrir la musique. Mais la première chanteuse est la maîtresse du baron de Straashausen, un des plus puissants diplomates de la cour de Vienne. Pour racheter toutes ces hypocrisies, vous allez le dimanche, il est vrai, à Saint-Thomas-d'Aquin. Comédie toujours, comédie infâme, plus infâme que les autres, car, tandis que votre voiture armoirée stationne à la grande porte, vous, vous sortez par la petite pour aller où Dieu le sait, peut-être rejoindre madame de Gasc dans les cabinets du préfet de police.

— Madame ! rugit sourdement le comte.

— Vous êtes propriétaire ostensible d'un journal qui défend la monarchie légitime, et vous êtes rédacteur secret d'une revue qui conspire contre cette monarchie en faveur du duc d'Orléans. Le journal soutient la branche aînée, la revue soutient la branche cadette, de façon que si l'une de ces deux branches casse, vous pouvez facilement vous raccrocher à l'autre. Et l'on sait cela, voyez-vous, et particuliers, et ministres, et citoyens, et gouvernement savent cela. Les uns vous saluent et les autres vous reçoivent, et vous vous dites : puisqu'ils font cela, ils ignorent. Non ! ils n'ignorent pas, monsieur, ils savent. Mais vous pouvez devenir puissant et on salue votre puissance à venir, mais on sait que vous serez riche et on salue votre richesse future.

— Courage! madame, dit le comte Rappt, à demi terrassé.

— En vérité, monsieur, continua Régina,

n'est-ce point là une inqualifiable comédie, dites? N'êtes-vous donc pas fatigué de tromper toujours ? Voyons, répondez-moi, à quoi servez-vous sur terre ? Quel bien avez-vous fait, ou plutôt quel mal n'avez-vous pas fait? Qui avez-vous aimé ou plutôt qui n'avez-vous pas haï ? Tenez! monsieur, voulez-vous savoir toute ma pensée, voulez-vous connaître une fois pour toutes, ce qu'il y a pour vous au fond de mon cœur ? Eh bien, il y a ce sentiment que vous éprouvez pour tout le monde, vous! et que je n'avais jamais éprouvé pour personne, moi! il y a de la haine. Je hais votre ambition, je hais votre orgueil, je hais votre lâcheté, je vous hais de la tête aux pieds, vous n'êtes que mensonge.

— Madame, dit le comte, voilà bien des

injures pour une honte que je voulais vous épargner.

— M'épargner une honte, vous, monsieur !

— Oui, il court sur le compte de ce jeune homme certains bruits...

Régina frissonna, non pas de ce qu'allait dire le comte, mais de ce que Pétrus allait entendre.

— Je ne vous crois pas, dit-elle.

— Je n'ai encore rien dit et voilà d'avance que vous me démentez.

— Parce que d'avance je sais que vous allez mentir.

— Malgré sa parenté avec le général de Courtenay, il n'est reçu dans aucune maison du faubourg Saint-Germain.

— Parce qu'il ne daigne pas se faire présenter dans un salon où il pourrait vous rencontrer.

— Il mène un train de prince, et on ne lui connaît aucune fortune.

— Parce que vous l'avez rencontré une fois au bois sur un cheval de manége et une fois au balcon du Théâtre-Français avec un billet que son ami Jean Robert lui avait donné.

— On lui prête pour banquier une certaine princesse de théâtre.

— Monsieur ! s'écria Régina pâle de colère et de terreur, je vous défends d'insulter l'homme que j'aime.

Elle jeta ces derniers mots du côté de l'orangerie, afin que Pétrus comprît bien que c'était à lui qu'ils étaient adressés. Puis, s'avançant vers la sonnette qu'elle agita violemment :

— Si une chose peut me consoler de vous entendre calomnier un absent, monsieur, ajouta-t-elle, c'est la conviction où je suis que si cet absent était devant vous, vous n'oseriez répéter une seule de vos paroles.

En ce moment la porte s'ouvrit et Nanon entra.

— Reconduisez M. le comte, dit Régina à sa femme de chambre, en lui mettant un flambeau dans la main.

Puis, comme le comte, grinçant les dents de rage, semblait hésiter à se retirer.

— Sortez, monsieur le comte, dit Régina avec un geste de suprême commandement, et en lui montrant la porte ouverte.

Le comte eût voulu résister sans doute, mais il était dominé par la grandeur d'aspect de la jeune femme.

Il jeta sur elle un regard de serpent forcé de fuir, et les mâchoires serrées, les poings crispés, d'une voix sourde et menaçante :

— Eh bien, soit, madame, dit-il, adieu!

Et il sortit suivi de Nanon, qui referma la porte derrière lui.

Mais la scène avait été trop violente, le cœur de Régina, comme un lac gonflé par une pluie d'orage, déborda tout à coup. Elle tomba sur le fauteuil en jetant un cri d'épuisement, et, pareilles à deux ruisseaux, ses larmes roulèrent sur ses joues pâles de ses yeux à demi fermés.

VI

Causerie d'amour.

Au moment où Nanon refermait la porte, où Régina tombait à demi évanouie sur un fauteuil, Pétrus sortait de la petite orangerie, et apparaissait pâle, le front inondé de sueur, mais les yeux rayonnant de plaisir.

En effet, si ce drame intime auquel il venait d'assister l'avait rempli d'effroi et de dégoût, lui, âme candide, cœur loyal, le rôle de martyre qu'avait joué Régina lui apparaissait dans toute sa grandeur, et la profonde commisération qu'il éprouvait pour la victime lui faisait presque oublier le bourreau.

Pétrus s'approcha lentement de Régina, mais elle, entendant venir le jeune homme, jeta ses deux mains sur son visage et demeura dans l'attitude du condamné qui va entendre prononcer son arrêt. On eût dit qu'elle redoutait que l'infamie de son mari et la faute de sa mère rejaillissent sur elle, et de peur que son amant vît sa rougeur, elle se voilait le visage de ses belles mains.

Pétrus comprit le combat qui s'élevait en elle, la pudique émotion dont elle était agitée. Il mit un genou en terre, et d'une voix douce et ferme à la fois, il lui dit ou plutôt il murmura comme il eût fait d'une chanson pour endormir un enfant :

— Oh! ma belle Régina, je ne t'aimais que comme on aime une jeune fille ; maintenant, je t'adore comme une martyre. Le crime dont tu es victime, au lieu de rejaillir sur toi et de ternir ta robe d'innocence, te fait resplendir à mes yeux dans tout l'éclat de ta beauté. Tu peux donc me regarder sans honte et sans crainte, car c'est moi qui dois rougir d'être si fort au-dessous de toi. A partir de cette heure, tu me deviens sacrée, et mon amour va s'élever au-dessus du vulgaire amour des autres hommes, pour arriver jusqu'à toi. O Régina, je t'aime, je t'aime... j'ai pour toi cette adoration que j'aurais eue pour ma mère si elle avait vécu ; j'ai pour toi ces ineffables tendresses que j'aurais eues pour ma sœur, si le ciel m'avait donné une sœur ; j'ai pour toi le culte que j'avais tout enfant pour la madone de granit qui, du haut de nos falaises, dominait les tempêtes de l'Océan.

Régina laissa tomber ses deux mains dans celles du jeune homme, découvrant son visage qui exprimait un profond sentiment de reconnaissance.

Pétrus continua :

— Je te disais tout à l'heure que tu m'avais rendu à la vie; que tu m'avais montré le vrai but de l'existence que j'avais crue jusque-là une fantaisie inutile de Dieu. Eh bien! à mon tour, chère bien-aimée, c'est moi qui, comme tu le disais à cet homme, c'est moi qui te tends la main, c'est moi qui te relève, et ainsi, la main dans la main, enchaînés l'un à l'autre, nous serons plus forts pour résister au mal, et nous braverons les hommes en nous rapprochant de Dieu.

Un pâle sourire se dessina sur les lèvres de Régina.

— Regarde-moi à ton tour, Régina, continua Pétrus, comme tu me disais il n'y a qu'un instant de te regarder. Je ne te demande pas, comme tu le faisais, si tu m'aimes! Je te dis : Tu m'aimes! mon cœur tremble et bat à se briser devant ce mot : *tu m'aimes.* Tout ce qu'il y avait d'obscur en moi s'éclaire et s'illumine à ce mot divin; tout ce que j'avais de bon devient meilleur; tout ce que j'avais de triste sourit; tout ce que j'avais de mauvais s'en va. Il faisait jusqu'ici obscur dans mon cœur comme dans la nuit, et dans cette obscurité, ton amour passait comme un rêve. Aujourd'hui, mon cœur est d'azur comme le ciel, et ton amour y rayonne comme une seule étoile.

La jeune femme le regardait tendrement et le laissait parler; car, semblable à ces plantes dont parle le poète de Florence, auxquelles le givre nocturne a fait baisser la tête et qui relèvent leurs corolles sous les rayons du soleil, elle se sentait revivre aux accents de sa parole et sous les rayons de ses yeux.

Et lui continuait :

— Je t'aime... n'écoute pas d'autre voix que la mienne, Régina ; ne songe pas à autre chose qu'à moi, mon adorée ; ne regarde que mon amour ; laisse-moi te bercer par mes paroles comme la barque se laisse bercer par les flots, comme la fleur se laisse bercer par le vent. Abandonne-toi à moi, ta douleur n'a pas de plus sûre retraite que mon âme. Je t'aime!! oublie la terre pour ce mot. Mourons au monde, et que notre amour soit une éternelle assomption. Ce que les hommes nomment Dieu, c'est l'amour immortel !

Et peu à peu, tandis que Pétrus parlait, le visage de la jeune femme reprenait son expression naturelle, se colorait de toutes les teintes du bonheur, se couronnait de tous les rayons de la félicité. Les paroles harmonieuses de Pétrus retentissaient en elle comme de suaves accords, et retenue, moitié par la douleur qui grondait encore sourdement au fond de son âme comme les roulements d'un tonnerre lointain, moitié entraînée par la joie qui l'inondait comme un tiède rayon de printemps, Régina s'abaissa vers le jeune homme toujours agenouillé devant elle, l'enlaça de ses deux bras et murmura à son tour :

— Je t'aime ! je t'aime !

Mais si bas, que ces paroles l'effleurèrent comme un souffle, et ses yeux virent passer le doux serment aux ailes de flamme, bien plus que ses oreilles ne l'entendirent. Puis, quelques pleurs tombèrent avec effort des yeux de la jeune femme, puis des gouttes s'en échappèrent plus abondantes, puis enfin ses larmes coulèrent pressées comme un ruisseau.

C'était un groupe ravissant, beau, jeune, frais. On eût dit un cygne noir et un cygne blanc se caressant dans un bassin de marbre rose.

Ils restèrent ainsi pendant quelques minutes enlacés silencieusement et amoureusement, la jeune femme pleurant, le jeune homme aspirant et buvant ses larmes.

Qu'auraient-ils pu se dire? N'en est-il pas de l'amour comme de ces ravissantes vallées des Alpes qu'on regarde au moment où on les découvre, appuyés l'un à l'autre, avec des larmes dans les yeux, et en se taisant, parce que l'on sent bien qu'on n'en dira jamais assez? Ils savouraient leur bonheur, comprenant qu'il n'est pas de bonheur plus grand que de se dire tout bas à soi-même :

— Je suis aimé !

Ce duo muet de leur cœur se fût prolongé à l'infini si, en se rapprochant peu à peu du jeune homme, Régina n'eût senti errer sur son visage l'haleine brûlante de Pétrus. Elle comprit que ses lèvres allaient toucher les lèvres de son amant. Elle jeta un faible cri de terreur, dénoua le nœud formé par ses deux bras autour du cou du jeune homme, posa ses mains sur ses épaules, et le repoussant doucement :

— Éloignez-vous, mon ami, lui dit-elle d'une voix dont elle ne chercha pas même à lui cacher l'émotion. Asseyez-vous pres de moi, comme tout à l'heure, et causons en frère et en sœur.

Le jeune homme, tout en continuant de sourire à Régina, poussa un faible soupir, avança son tabouret jusqu'à ses pieds et s'assit.

— Donnez-moi vos deux mains, dit la jeune femme.

Pétrus éleva ses deux mains jusqu'aux deux mains de Régina, et, ainsi accoudé sur ses genoux, il attendit qu'elle parlât, l'interrogeant des yeux.

— Ne devinez-vous pas de qui je voudrais vous parler, Pétrus? demanda-t-elle.

— De votre mère, n'est-ce pas, Régina? dit le jeune homme de sa voix la plus caressante.

— Oui, mon ami, de ma mère, reprit-elle, et, avant tout, laissez-moi appeler votre plus tendre compassion sur elle. Le récit de la vie isolée qu'elle mène ici comme dans un cachot, l'histoire de cette immense douleur qui se peint sur son visage et dont tout le monde ignorait la cause, vous ferait, si elle était là, courber le genou devant elle.

— O Régina, dit le jeune homme, croyez que je la plains du plus profond de mon cœur.

— Vous m'avez souvent demandé le secret de la solitude de cette pauvre princesse d'Orient étendue toute la journée sur des coussins, ne recevant le jour du ciel qu'à travers les ouvertures de ses persiennes, et roulant pour toute distraction les grains nombreux de son chapelet. Vous avez souvent désiré connaître la cause de cette sauvagerie orientale, de cet isolement, de cette oisiveté que vous compariez à l'indolence des princesses des *Mille et une Nuits*. Vous savez son secret maintenant. Je viens de lire toute sa correspondance. O mon ami, vous frémiriez à la lecture de ces lettres de M. Rappt, écrites moitié pour la perdre, moitié pour la consoler. Vous connaissez l'homme, n'est-ce pas? Par ce que vous avez entendu sortir de sa bouche, vous devinez ce qui peut sortir de sa plume. Chacun des jours de ma mère a été un jour de ténèbres. Je vous en supplie donc, mon ami, pour l'amour de moi, soyez indulgent et miséricordieux pour elle.

— Pardon et bénédiction sur elle, dit Pétrus d'une voix grave. Mais quel est le cœur perfide ou stoïque qui a eu assez de lâcheté ou de force pour vous révéler un pareil secret?

— Oh! ne maudissez pas, Pétrus, et songez bien plutôt à ce qui serait arrivé si je n'eusse rien su. Ce n'est ni un cœur lâche ni un cœur stoïque qui m'a tout révélé. C'est un cœur innocent, qui ne savait pas ce qu'il faisait; c'est une enfant que j'aime de toute mon âme et que vous aimez de même. C'est notre chère petite Abeille, Pétrus, qui, deux heures après notre retour de l'église, m'a apporté ces lettres.

— Et comment des lettres qui contenaient un secret de cette importance ont-elles pu se trouver dans les mains de cette enfant?

— Rien n'est plus simple, mon ami, et le hasard — pardon! je veux dire la Providence — la Providence a tout fait.

— Dites-moi cela, Régina!

— Vous savez que ma mère, du nom de ses ancêtres, s'appelait la princesse Tchouwadieski, et Rina de son nom de baptême. Or, à cause de la dignité vraiment royale de celle qui portait ce nom, mon père appelait ma mère *Régina*, au lieu de Rina. Tout au contraire, moi qui reçus au baptême le nom de Régina, comme on trouva le nom bien solennel pour une petite fille, mon père prit l'habitude de m'appeler Rina, si bien qu'Abeille s'habitua à ce changement de nom, m'appelant comme on appelait ma mère et appelant ma mère comme on m'appelait. Or, en revenant de l'église, et tandis que tout le monde se tenait au salon, Abeille, dont le défaut principal est la curiosité, Abeille se glissa dans la chambre de la princesse, et, pour la première fois de sa vie, s'y trouva seule. Alors, elle entr'ouvrit le tiroir d'un chiffonnier où elle savait que ma mère enfermait ses confitures de roses et ses bonbons d'Orient.

Il va sans dire qu'Abeille fit sa provision de chatteries.

Mais au-dessus du tiroir aux confitures, si souvent mis par ma mère à contribution pour elle, était un autre tiroir qu'elle n'avait jamais vu ouvrir.

Que pouvait-il y avoir dans ce tiroir si bien fermé?

Des confitures extraordinaires, des bonbons inconnus.

Et le double démon de la curiosité et de

la gourmandise la poussant, elle prit la clé du tiroir ouvert, la poussa dans la serrure du tiroir fermé, tourna la clé et tira à elle.

Pas le moindre bonbon, pas la plus petite sucrerie. Un paquet de lettres attaché avec un ruban noir, voilà tout!

Elle le prit cependant, le tourna et le retourna dans ses mains, espérant sans doute encore que quelque mystérieuse sucrerie allait sourdre de cette enveloppe de papier.

Rien!

Elle s'apprêtait, dans son dépit, à rejeter le paquet lorsqu'elle lut cette suscription :

— A la princesse Rina !

Je vous ai dit qu'Abeille avait pris, toute petite, l'habitude de m'appeler Rina. Soit qu'elle ait oublié que c'était aussi le nom de ma mère, soit qu'elle ne l'ait jamais su, sa première pensée fut que ce paquet m'appartenait, sa seconde pensée fut de me l'apporter à l'instant.

Elle referma le tiroir, remit la clé à sa place, demanda où j'étais, apprit que j'étais dans la serre, et accourut tout en nage, comme elle était la première fois où vous l'avez vue.

— Tiens, princesse Rina, dit l'enfant en tenant ses deux mains derrière son dos, je vais te faire un cadeau de noce.

L'enfant riait, moi j'étais triste.

— Que veux-tu dire, petite folle? lui demandai-je.

— Je veux te dire qu'à mon tour j'ai quelque chose à te donner. Madame la comtesse Rappt, j'ai l'honneur de vous offrir ce petit présent; s'il ne vous plaît point, ce n'est pas ma faute, attendu que je ne sais pas moi-même ce que c'est.

Et après avoir jeté le paquet sur mes genoux, Abeille se sauva comme elle était venue, courant de toutes ses jambes. Ce n'est que le soir que je la forçai de me dire comment ces lettres étaient tombées entre ses mains.

Je dénouai le ruban. Une centaine de lettres tombèrent sur mes genoux. Toutes portaient pour suscription le nom qu'on avait l'habitude de me donner, écrit de la main de M. Rappt.

Elles étaient écrites en allemand.

J'en ouvris une au hasard.

A la quatrième ligne, je n'avais plus rien à apprendre.

— Plaignez-moi, Pétrus, et surtout plaignez ma mère.

Et, en disant ces mots, la jeune femme laissa tomber en pleurant sa tête sur l'épaule de son amant.

Pétrus, encore une fois, murmura à son oreille de douces et consolantes paroles. Une fois encore, il recueillit avec ses lèvres les larmes de la jeune femme. Puis, cet orage encore une fois passé, Régina reprit la conversation sur ce ton grave et solennel où elle avait essayé de l'élever avant d'implorer la miséricorde de Pétrus pour sa mère.

— Mon ami, dit-elle, vous savez maintenant le secret de ma vie ; vous tenez maintenant dans vos mains mon honneur et celui de ma famille. Il est tard, vous allez vous retirer.

Pétrus fit un mouvement qui pouvait se traduire par une prière muette.

Régina sourit et étendit la main, en signe qu'elle avait encore quelque chose à dire au jeune homme.

— Écoutez-moi, reprit-elle, car avant de prendre congé de vous, j'ai encore quelques paroles à vous dire.

— Dites, Régina, dites !

La jeune femme regarda son amant avec une tendresse infinie.

— Je vous aime ardemment, Pétrus, dit-elle. J'ignore comment les autres femmes peuvent aimer, j'ignore jusqu'aux mots même dont on se sert pour exprimer l'amour. Mais je sais une chose, mon ami, c'est que le jour où je vous ai rencontré pour la première fois, en vous voyant, il m'a semblé que je sortais des ténèbres et que je n'avais pas vécu jusque-là. Donc, à partir de ce jour, Pétrus, j'ai commencé de vivre, et, en commençant de vivre, j'ai juré de vivre et, s'il le fallait, de mourir pour vous. Devant Dieu qui m'entend, je vous jure que vous êtes l'homme que je respecte, que j'estime, que j'aime le plus au monde. Connaissez-vous une formule plus solennelle de vous exprimer mon amour? Dictez-la moi, mon ami, et, après vous, je la répèterai mot à mot des lèvres et du cœur.

— O merci, ma belle Régina, s'écria le jeune homme. Non ! non ! le serment est inutile, ton amour est écrit sur ton front en lettres d'or.

— J'ai seulement voulu vous faire comprendre, Pétrus, et cela avant tout, combien je vous aimais, afin qu'il ne nous vînt aucun doute au cœur en écoutant, maintenant, les paroles que je vais vous dire.

— Vous m'effrayez, Régina, murmura le jeune homme en quittant une des mains de la jeune femme, en s'écartant d'elle et en pâlissant en effet.

Mais Régina lui tendit de nouveau cette main qu'il venait de quitter, et elle reprit d'une voix grave, quoique pleine de douceur et d'amour.

— Ce n'est pas seulement pour votre poétique beauté, ce n'est pas seulement pour votre haute intelligence, pour votre grand talent qui m'est si sympathique, ce n'est pas seulement pour tout cela que je vous aime. Non! Pétrus, je vous aime encore, et surtout pour votre caractère chevaleresque, pour la noblesse de votre âme, pour l'honnêteté primitive de votre cœur, je ne dirai pas pour votre vertu, le mot est trop banal, mais pour votre loyauté. Votre loyauté comme la mienne, Pétrus, repose sur des principes arrêtés, et, comme cette blanche hermine que la Bretagne a prise pour ses armes, vous aimeriez mieux mourir qu'être souillé. C'est pour cela que je vous aime, Pétrus, c'est pour cela que je vous dis : Il ne faut plus nous voir.

— Régina! murmura le jeune homme en inclinant la tête.

— Oh! c'est votre pensée à vous aussi, n'est-ce pas?

— Oui, certes, Régina répondit tristement Pétrus, adhérant par cette tristesse même à la dure résolution de la jeune femme. C'était ma pensée mais pas aussi absolue que vous la faites.

— Oh! comprenons-nous bien; Pétrus, Il ne faut plus nous voir comme nous nous voyons en ce moment ; seuls dans la nuit, chez moi ou chez vous, je ne sais si vous seriez sûr de vous Pétrus, je ne sais si vous tiendrez résolument les promesses faites, mais moi, la plus faible des deux, moi femme, je vous dis : je vous aime tant, mon ami, que je ne saurais rien vous refuser. Il est donc important que nous combattions ma propre faiblesse. La fraude qui convient au vulgaire des cœurs, la fraude autorisée peut-être, par l'étrangeté des circonstances où nous nous trouvons, nous est interdite à nous. J'ai réclamé de cet homme le droit de vous aimer, mais non celui d'être votre maîtresse, et la première condition de notre amour, ce qui le fera profond et éternel, c'est que nous n'ayons jamais à en rougir l'un devant l'autre. Il faut donc, je vous le répète, mon bien-aimé Pétrus, cesser de nous voir comme nous nous voyons en ce moment. Croyez que tout mon être tressaille et gémit en prononçant ces paroles, mais notre bonheur à venir est dans la dure contrainte que nous impose le malheur du moment. Nous nous rencontrerons dans le monde, Pétrus; nous nous verrons au bois, dans les concerts, dans les théâtres; vous saurez partout où je vais, des lettres de moi vous raconteront mes moindres actions accomplies, mes moindres projets à venir, puis, rentrés chez nous, nous prierons Dieu de travailler à notre délivrance.

Comme pendant le récit de Francessa de Rimini c'est Paolo qui pleure, ce fut le jeune homme qui cette fois pleura pendant que Régina parlait. Quant à celle-ci, elle semblait avoir épuisé le trésor de ses larmes.

Il était deux heures du matin, la pendule frappa deux coups, c'était redire deux fois aux jeunes gens qu'il était temps de se séparer.

Régina se leva tout en faisant signe à Pétrus de demeurer à la place où il était. Elle alla devant un petit stippo italien tout incrusté de nacre, d'écaille et d'argent, elle en tira une paire de ciseaux d'or, et faisant agenouiller le jeune homme sur le tabouret où il était assis :

— Baissez la tête, mon beau Van Dick, lui dit-elle.

Pétrus obéit.

Régina posa doucement les lèvres sur le front du jeune homme, puis, dans la forêt de blonds cheveux, elle choisit une mèche bouclée, la coupa à sa racine, et, la roulant autour de son doigt, elle dit au jeune homme :

— Relevez-vous maintenant.

Pétrus se releva.

— A votre tour ! dit-elle en lui présentant les ciseaux et en s'agenouillant elle-même.

Pétrus prit les ciseaux, et d'une voix tremblante :

— Baissez la tête, Régina, dit-il.

La jeune femme obéit.

Suivant en tout l'exemple qui lui avait été donné, Pétrus posa ses lèvres frissonnantes sur le front de la jeune femme, et passant ses mains, au lieu des ciseaux, dans les beaux cheveux de Régina :

— Oh! murmura-t-il, quel ange d'amour et de pureté vous faites, Régina.

— Eh bien ? demanda celle-ci.

— Oh ! je n'ose...

— Coupez, Pétrus.

— Non! non! il me semble que je vais commettre un sacrilége, que chacun de ces beaux cheveux tient sa vie de vous, et, séparé de vous, me reprochera sa mort.

— Coupez, dit-elle, je le veux!

Pétrus choisit une boucle, la prit entre les deux branches des ciseaux, ferma les yeux, et coupa la boucle.

Mais au cri que firent les cheveux sous le fer, le sang monta au visage de Pétrus, et le jeune homme crut qu'il allait se trouver mal.

La boucle était coupée.

Régina se releva.

— Donnez, dit-elle.

Le jeune homme lui présenta les cheveux, après les avoir baisé ardemment.

Régina les approcha de ceux de Pétrus, qu'elle déroula de son doigt ; puis, les natant ensemble comme des fils de soie, elle en fit une tresse qu'elle noua aux deux extrémités. Présentant alors un des bouts au jeune homme, et tirant l'autre à elle, elle prit le milieu de la tresse entre les ciseaux, et la coupa.

— Qu'ainsi, dit-elle, le fil de notre vie soit à jamais confondu et coupé ensemble!

Et tendant pour la dernière fois au jeune

homme son front blanc, elle sonna la pauvre vieille Nanon qui attendait dans l'antichambre.

— Reconduisez monsieur par la petite porte du jardin, ma bonne Nanon, dit-elle à la vieille fille.

Pétrus la regarda une dernière fois avec des yeux dans lesquels passèrent toute son âme et suivit Nanon.

VII

Stabat pater.

La tour de Penhoël, dernier débris d'un château féodal du treizième siècle, abattu pendant les guerres de la Vendée, et qui paraissait lui-même, dans ce qu'il en restait, avoir été enté sur une construction romane, la tour de Penhoël était située à quelques lieues de Quimper, au bord de cette partie de l'Océan que l'on appelle *la mer sauvage*. Placée au sommet d'un rocher à pic, enfouie dans des genevriers et des fougères, elle dominait le flot atlantique comme un nid d'aigle, et semblait placée là comme une sentinelle avancée chargée de signaler les voiles qui apparaissaient à l'horizon.

Du côté opposé à l'Océan, c'est-à-dire du côté de l'est et par conséquent sur la route de Quimper, le site que l'on avait sous les yeux, bien qu'assez monotone et uniforme, ne manquait pas d'un certain pittoresque relatif, dans sa monotonie et son uniformité.

En effet, que l'on imagine, dans une plaine bosselée de collines et complétement inhabitée, une longue avenue de pins maritimes aboutissant à un village invisible, situé qu'il était dans une espèce de ravin, et qui ne dénonçait sa présence que par des spirales de fumée montant au ciel comme des fantômes bleuâtres et échevelés.

Ce village, c'était celui de Penhoël, dont cette tour isolée que nous avons essayé de décrire était autrefois la suzeraine.

L'ensemble du paysage ressemblait à une immense cathédrale dont le ciel eût été la voûte, la grande allée de pins les colonnes, et la tour l'autel.

Cette fumée bleuâtre qui montait au ciel, c'était l'encens que l'on brûlait sous son portique.

Ce qui ajoutait un certain pittoresque à ce tableau, c'était, au sommet de la tour, appuyé au parapet, debout et immobile, un personnage que l'on eût pris pour une statue de granit, si le vent d'ouest, qui soufflait en brise aiguë, n'eût soulevé et fait flotter ses longs cheveux blancs.

Ce personnage était un beau vieillard tout vêtu de noir, tournant le dos à la mer et plongeant sur l'allée immense un regard obscurci de temps en temps par des larmes qu'il étanchait avec un mouchoir.

Ce mouvement était, au reste, le seul qu'il fît. Quant aux larmes, elles étaient causées par quelque profonde tristesse, qui les faisait sourdre silencieusement du cœur, ou causées seulement par cette brise aiguë comme celle qui fouettait le visage des sentinelles d'Hamlet sur la plate-forme du château d'Elseneur.

Un seul mot indiquera la source des larmes qui obscurcissaient les yeux du vieillard.

Ce vieillard, c'était le père de Colomban, le comte de Penhoel.

On était à la moitié du mois de février, à peu près.

Trois jours auparavant, il avait reçu la lettre de Colomban, lettre qui lui annonçait la mort de son unique enfant.

Le père attendait le cadavre du fils.

Voilà pourquoi ses yeux étaient si obstinément fixés sur cette allée de pins qui conduisait au village de Penhoël. C'était par cette allée de pins que devait venir le corps de Colomban.

A côté du comte, brûlaient les restes d'un feu aux trois quarts consumé.

Celui qui eût vu cette grande figure triste, immobile, muette, les cheveux au vent, les larmes aux yeux, n'eût pu s'empêcher de penser à ce vieux Grec d'Argos, qui, placé au sommet de la terrasse du palais d'Agamemnon, attendait depuis dix ans qu'un feu allumé sur la montagne lui indiquât que Troie était prise.

Mais cette fois, celui-là c'était le maître et non le serviteur, car bientôt le serviteur apparut.

C'était, lui aussi, un vieillard à barbe grise, aux longs cheveux, au large chapeau, portant le costume traditionnel de la Bretagne. Seulement, le costume était noir comme celui du maître.

Il apporta une charge de bois de pin,

avec laquelle il comptait sans doute raviver le feu.

Il s'approcha du vieux gentilhomme, le regarda un instant, mit un genou en terre, déposa sa charge de bois sur la plateforme, releva la tête pour regarder encore son maître, jeta quelques branches sur le feu qui pétilla ; puis, voyant que le comte de Penhoël, étranger à tout ce qui se passait près de lui, restait immobile comme la statue de la douleur :

— Je vous en conjure, mon bon maître, lui dit-il, descendez, ne fût-ce qu'une heure, et je veillerai à votre place. J'ai fait un grand feu dans votre chambre, et j'ai préparé votre déjeûner. Si vous voulez ne pas dormir et rester ainsi exposé au froid, prenez au moins des forces contre la veille et la brise.

Le comte ne répondit pas.

— Monseigneur, insista le vieux serviteur en s'approchant de son maître, voici tantôt quarante-huit heures que vous n'avez pris ni repos ni nourriture, sans compter que vous ne vous inquiétez pas plus du froid que si nous étions au mois de juin.

Cette fois, le comte parut s'apercevoir que son vieux serviteur était là, car il lui adressa la parole sans répondre cependant à ce qu'il lui disait :

— N'entends-tu pas au loin le bruit d'une voiture sur la route de Paris? demanda-t-il.

— Non, mon bon et cher seigneur, répondit le vieux domestique. Je n'entends que la mer qui roule et le vent d'ouest qui pleure dans les pins. Il fait mauvais à rester ainsi tête nue à ce vent du matin. Je vous en supplie donc, mon cher maître, rentrez.

Le comte laissa tomber sa tête sur sa poitrine, comme si cette tête se courbait sous le poids d'un souvenir.

— Te souviens-tu, Hervey, continua-t-il poursuivant toujours sa sombre pensée, te souviens-tu de lui, Hervey? Quand il vint au monde, quand sa mère me le donna comme une bénédiction visible du ciel, descendue sur ma maison, il y avait déjà cinq ans que tu étais avec nous.

— Oui, monseigneur, je me souviens! dit le vieil Hervey d'une voix étouffée.

— Un jour — l'enfant avait trois ans — on le promenait sur le sommet de la tour d'où nous regardions *la mer sauvage;* la mer était dans un de ses jours de colère. Celle qui le promenait était son ancienne nourrice, devenue sa gouvernante. Elle avait amené l'enfant là, non pas pour le distraire, mais dans l'espérance qu'elle verrait de loin la barque de son mari qui était pêcheur. La comtesse, qui cherchait partout son fils, monta jusqu'ici, et voyant le vent d'orage qui soufflait dans les cheveux blonds de l'enfant :

— Mais, nourrice, dit-elle, tu ne fais pas attention au petit. Le petit va avoir froid, songe qu'il n'a que trois ans.

Mais la nourrice, robuste paysanne, habituée à raccommoder par tous les temps les filets de son mari au bord de la mer, la nourrice lui répondit :

— Et mon petit, à moi, qui n'a que quatre ans, et qui est déjà en mer avec son père, parce que je soigne le vôtre, madame la comtesse, et que je n'ai pas de domestiques pour le garder, croyez-vous qu'il n'a pas froid, lui aussi?

Et la pauvre femme cherchait à apercevoir la barque de son mari à travers les vagues et la brume.

— Alors, toi, tu te retournas et lui dis :

— Jeanne, n'avez-vous pas de honte de comparer votre enfant à celui de madame la comtesse, vous qui n'êtes qu'une malheureuse paysanne, tandis que madame la comtesse est une grande dame?

Mais elle répondit :

— C'est possible, Hervey, que madame

la comtesse soit une grande dame et que je ne sois qu'une pauvre paysanne, mais ce que je sais, c'est que Jenny est mon fils comme M. Colomban est le fils de madame la comtesse. Il y a peut-être une différence devant Dieu entre les rangs de deux enfants, mais il n'y en a pas entre les cœurs de deux mères.

— Et tu vois, Hervey, continua le vieillard, le fils de la nourrice est mort et mon fils est mort aussi. Tu vois qu'il n'y avait pas de différence entre eux, puisqu'ils étaient tous deux mortels.

C'était la comtesse qui avait tort, c'était la nourrice qui avait raison, et la mort les a rendus égaux.

— Mon pauvre maître! murmura Hervey en entendant ces paroles mélancoliques du vieux gentilhomme, auquel la douleur donnait une leçon d'égalité.

— Quelques années après, continua le pauvre père, en renouant dans son esprit tout ce que la localité lui rappelait de doux souvenirs autrefois, d'amers souvenirs aujourd'hui, quelques années après, te souviens-tu — il avait dix ans alors — tu étais encore là, car tu ne nous as jamais quittés, mon bon Hervey, il voulait un fusil, le pauvre enfant, et tu lui donnas le tien, ton vieux fusil des guerres civiles, dont le canon dépassait sa tête d'un demi-pied?

Hervey poussa un soupir et leva les yeux au ciel.

— Te le rappelles-tu, Hervey, tenant ce fusil entre ses petites mains et te suppliant de lui apprendre l'exercice? Mais toi tu ne voulus pas. Il eut beau pleurer, se fâcher, s'irriter, tu le laissas pleurer des larmes et se mettre en colère, lui disant : Monseigneur, un gentilhomme comme vous ne doit apprendre à manier que l'épée! Au lieu de manier l'épée, il a manié la plume; au lieu de l'envoyer à l'École Polytechnique, je l'ai envoyé à l'École de Droit. Ne pouvant en faire un officier, puisqu'il n'y avait pas de guerre, je voulus en faire un citoyen. La guerre l'eût respecté peut-être comme elle nous a respectés, nous ; la paix l'a pris et me l'a tué.

— Ne vous arrêtez donc pas à tous ces tristes souvenirs, mon digne maître, dit Hervey.

— Tristes souvenirs ! des souvenirs qui me rappellent mon Colomban, tu appelles cela de tristes souvenirs ? Au contraire, parlons de lui. Si nous ne parlions de lui, de quoi parlerais-je ? Si je ne parlais de lui, le silence me rongerait comme la rouille ronge aujourd'hui ce vieux fusil avec lequel il jouait alors.

— Parlez donc de lui, mon cher maître, parlez-en !

— Eh bien! te rappelles-tu le jour où il eut atteint sa douzième année? Nous le menions, recueillis tous deux, pleins de foi et d'espérance, à travers cette allée de pins, jonchée de roses comme elle l'est aujourd'hui de neige. Ce jour, c'était celui de sa première communion, et là-bas, les autres enfants l'attendaient à la chapelle du village; car c'était lui qui devait prononcer les vœux du baptême. Comme il avait grand air dans sa petite taille! Je le vois encore, tiens! là, à droite, au vingt-quatrième — nous les avons comptés — il y avait un caillou qui le fit trébucher. Le cierge qu'il tenait lui échappa de la main et s'éteignit. Il se mit alors à pleurer, le pauvre enfant. Qui m'eût dit à cette époque qu'il devait ainsi trébucher dans la vie, et le flambeau de son existence s'éteindre avant d'atteindre sa vingt-quatrième année?

— Oh! maître, maître, s'écria Hervey en fondant en larmes, vous vous déchirez les entrailles de vos propres mains!

— Il atteignit bien vite quinze ans, reprit le comte de Penhoël, qui, ainsi qu'il l'avait dit, rappelait ses moindres souvenirs avec une douloureuse volupté. Un jour, je lui racontai l'histoire de Milon de Crotone, je me souviens de son sourire en entendant l'histoire du chêne fendu d'abord, mais qui, en se rapprochant, prit les deux mains du terrible athlète. Il me quitta, sortit et avisa un arbre deux fois gros comme lui. C'était un saule : il sauta dans le tronc qui était creux, et s'arque-boutant comme un autre Milon, il fit tant des pieds et des mains, qu'il fendit l'arbre en deux comme il eût fait d'une pomme. Je l'avais suivi et le regardais faire sans qu'il sût que j'étais là. En entendant l'arbre craquer, il me sembla que les os de mon enfant se brisaient. Oui, il était fort comme celui de nos ancêtres qu'on appelait Colomban-le-Fort. Mais à quoi sert la force, mon bon Hervey, et que sont devenus ces jarrets de fer et ces bras d'acier? La mort les a touchés et les a brisés comme un enfant brise les fils de la vierge qui volent en septembre dans nos plaines moissonnées. Mort! mort! mon enfant est mort!

Mais cette force dont le vieux gentilhomme constatait la vanité, et dont lui-même était le type vivant dans cette lutte effroyable qu'il soutenait contre la douleur, cette force, elle manqua au pauvre Hervey, qui, tombant tout à coup à genoux aux pieds de son maître, s'écria :

— Mon Dieu ! de quelle façon punissez-vous les méchants, si les bons reçoivent de pareilles blessures !...

Le comte de Penhoel regarda le vieux serviteur, et lui ouvrant les deux bras :

— Embrasse-moi, Hervey, lui dit-il solennellement, c'est la seule façon dont je puisse te remercier de ta douleur.

Hervey releva la tête, et comme un enfant qui, le cœur gonflé, se précipite sur la poitrine de son père, il se laissa tomber dans les bras du vieux gentilhomme, et resta un instant ainsi étroitement enlacé à lui.

Mais, secouant la tête, le malheureux père continuait tout en pressant Hervey dans ses bras.

— Qu'ils sont ingrats, les enfants ! mon cher Hervey ; un père passe la plus belle, la meilleure partie de sa vie à les soigner, à veiller sur eux, à en faire des hommes. Il a, pour cette chair de sa chair, pour ces os de ses os, les soins attentifs qu'il aurait pour une plante délicate. Il suit, comme un jardinier haletant, les progrès des bourgeons, le développement des feuilles, l'épanouissement de la fleur. A la vue de cette fleur fraîche et embaumée de l'enfance, il se réjouit dans l'espérance de ce que seront les fruits de la jeunesse... puis, un matin, arrive une lettre cachetée de noir, qui dit au père : « Père, je n'ai pas eu la force de supporter cette vie que tu m'avais donnée, et je me tue. » Vis si tu peux, toi, après cela !

— Dieu nous l'avait donné, Dieu nous l'a ôté. Bénissons Dieu, mon maître, dit le vieux serviteur avec une certaine exaltation religieuse qu'on retrouve encore de nos jours dans cette population primitive de la vieille Bretagne.

— Que parles-tu de Dieu ! s'écria le vieux gentilhomme avec une hauteur superbe. Quand la ferme de ton père, quand tous les fruits de son cellier, quand tous les grains de ses granges, quand tous les bestiaux de ses étables et de ses écuries, quand tout ce que ton père enfin, vieillard de quatre-vingt-dix ans, avait amassé depuis cinquante ans, a été consumé, il y a dix-huit mois, par un fétu de paille, crois-tu que ton père a béni Dieu, Hervey ? Quand *la Marianne*, au moment de rentrer au port, a échoué là sur les rochers, il y a six mois, devant le chantier où elle a été construite, après un long et périlleux voyage dans l'Inde, engloutissant, avec sa cargaison, ses dix-huit matelots et ses cent vingt passagers, crois-tu qu'ils ont béni Dieu, ceux qui descendirent dans l'abîme? Quand, il y a six semaines, la Loire a débordé, emportant avec elle les villes, les villages et les chaumières, crois-tu qu'ils ont béni Dieu, ceux qui, montés sur leurs toits, criant merci et miséricorde à Dieu, ont senti leurs maisons chanceler, se fendre et s'écrouler sous eux? Non, Hervey, non! ils ont fait comme moi, ils ont...

— Prenez garde, mon maître! s'écria Hervey, vous allez blasphémer!

Mais avant même que le vieux serviteur n'eût prononcé ces paroles, le comte de Penhoel était tombé à genoux en s'écriant à son tour.

— Seigneur! Seigneur! pardonnez-moi. Voici venir là-bas le corps de mon enfant.

Et en effet, à l'extrémité de la grande allée de pins, du côté où nous avons dit que montaient au ciel les fumées du village de Penhoël, on voyait s'avancer entre la neige de la route et le fond gris du ciel un cortége funèbre, en tête duquel marchait un moine vêtu d'une robe de laine blanche et noire, tenant élevée entre ses deux mains une grande croix d'argent.

Derrière lui venaient une bière soutenue par quatre porteurs, et, derrière les porteurs, une cinquantaine d'hommes et de femmes; les hommes tenant leur chapeau à la main, les femmes encapuchonnées dans leurs cagoules brunes.

Le gentilhomme fit une courte prière, puis, se relevant :

— Ce que Dieu fait est bien fait, dit-il au vieux serviteur. Hervey, allons recevoir le dernier descendant des Penhoël qui rentre dans le château de ses pères.

Et d'un pas ferme il descendit l'escalier, et s'avança, tête nue toujours, jusque sur le seuil de la grande porte de la tour qui donnait sur l'avenue de pins.

VIII

Le de profundis au bord de la mer.

Quand le comte de Penhoël, suivi de son vieux serviteur, fut arrivé sur le seuil de la porte de la tour, le cortége funèbre avait déjà parcouru les deux tiers de l'avenue, et l'on commençait à entendre les notes les plus élevées du psaume lugubre chanté par le prêtre et répété par ceux qui le suivaient.

Aux premières perceptions de ces notes, Hervey s'agenouilla, mais le comte resta debout.

Il répétait tout bas le chant mortuaire, qui semblait expirer entre les lèvres de Hervey.

Lorsque le prêtre ne fut plus qu'à vingt-cinq pas du château, celui-ci fit un signe aux porteurs, qui s'arrêtèrent.

Derrière les porteurs s'arrêtèrent les paysans.

Le cortége resta immobile, les chants cessèrent.

Le prêtre se détacha du cortége, et s'avança vers le comte.

Celui-ci tenta de faire quelques pas au-devant de lui, mais il lui fut impossible de détacher les pieds du sol.

Hervey vit ce qui se passait chez son maître à la pâleur qui couvrait son front.

Il fit un mouvement pour l'aider à s'arracher de cette place où il semblait pétrifié, et pour le soutenir s'il était besoin. Mais son maître lui fit de la main signe de rester à sa place.

Il avait déjà levé un genou, il le remit en terre.

Le moine, pendant ce temps, avait franchi la distance qui le séparait de la porte. Sur le seuil de cette porte il avait vu un homme et, à la pâleur du visage de cet homme, il avait reconnu le père de Colomban.

— Monsieur, dit-il, j'ai accompagné depuis Paris jusqu'ici le corps du vicomte de Penhoël et je le ramène au château de ses pères.

— Que Dieu bénisse la pieuse main qui rapporte un fils à son père! répondit le vieux gentilhomme, s'inclinant devant la double majesté de la religion et de la mort.

Le prêtre fit un signe.

Les quatre porteurs s'avancèrent lentement. Deux hommes portant des tréteaux les suivaient.

Ils placèrent les tréteaux à terre, les porteurs déposèrent le cercueil sur les tréteaux, et tous ensemble rentrèrent dans le groupe, où ils se perdirent.

L'abbé Dominique, car c'était lui, et nos lecteurs l'ont sans doute de suite reconnu, fit un nouveau signe ; le cortége s'approcha et se forma en demi-cercle autour de la bière, qu'il enveloppa en s'agenouillant.

Il semblait que tous les membres de cette pieuse réunion s'entendaient pour dérober au père de douloureux détails de tout cet appareil mortuaire.

Le comte et le prêtre restaient seuls debout.

Le comte, dont les yeux s'étaient d'abord fixés sur le cercueil, les en avait détournés avec peine, et semblait inspecter les uns après les autres jusqu'aux moindres personnages du cortége, comme s'il ne reconnaissait point parmi eux ceux qu'il s'attendait à y retrouver.

Enfin, s'adressant à l'abbé Dominique :

— Monsieur, lui dit-il je vous ai déjà

remercié de ce que vous avez fait pour mon fils et pour moi, et je vous en remercie encore. Mais pourquoi donc le curé de Penhoël n'est-il point avec vous?

— Je l'ai prié d'accompagner le convoi, répondit-il, mais il a refusé.

— Il a refusé? s'écria le comte étonné.

Le moine s'inclina.

— Et depuis quand le curé du village de Penhoël refuse-t-il de prier pour le repos de l'âme des comtes de Penhoël?

— Le vicomte Colomban de Penhoël, répondit l'abbé Dominique, est mort de mort violente, et a lui-même attenté à ses jours.

— Oui! mon père, dit le vieux gentilhomme. Mais plus le pauvre enfant a été égaré, plus il a besoin qu'on appelle sur lui la miséricorde divine. S'il n'est pas mort en bon chrétien, il est du moins, j'en suis sûr, mort en honnête homme.

— Je le sais, monsieur le comte.

— Et comment le savez-vous?

— J'étais son ami et sa volonté dernière fut que j'accomplisse la mission qui m'amène ici.

— Alors c'est à titre d'ami seulement que vous venez?

— A titre d'ami et de prêtre, monsieur le comte.

— Mais vous vous exposez à la colère de vos supérieurs, mon père ?

— Je ne crains que la colère de Dieu, monsieur le comte.

— Détournez-la donc de mon fils, monsieur, et invoquez pour lui toute la mansuétude du Seigneur.

Le prêtre s'inclina, et, se retournant du côté du cercueil, il entonna le *De profundis clamavi ad te* d'une voix si ferme et si éclatante à la fois que son chant dut monter jusqu'au pied du trône de l'Éternel.

— *De profundis clamavi ad te*, répéta la foule de toute la puissance de sa voix.

— *De profundis clamavi ad te*, murmura le comte de Penhoël.

Puis, le chant funèbre achevé, tout le monde se leva.

L'abbé Dominique s'avança vers le vieux gentilhomme.

— Monsieur le comte, dit-il, où voulez-vous que nous déposions les restes mortels de votre fils ?

— Ma famille n'a-t-elle pas son caveau funèbre dans le cimetière de Penhoël ? demanda le comte.

— Le cimetière de Penhoël est fermé et le gardien du cimetière a refusé de l'ouvrir.

— Et depuis quand, demanda le vieillard, le cimetière de Penhoël est-il fermé aux comtes de Penhoël?

— Depuis, répondit doucement l'abbé Dominique, qu'ils rendent à Dieu avant le jour marqué pour leur mort, la vie que Dieu leur a donnée.

— S'il en est ainsi, mon père, veuillez me suivre, dit le vieux gentilhomme d'une voix ferme et en se redressant fièrement, tandis qu'Hervey allait prendre sa place derrière le cercueil.

Les quatre porteurs, sur un signe de

l'abbé Dominique, sortirent des rangs et reprirent leur fardeau, et le cortége funèbre, précédé par l'abbé Dominique et ayant en tête le comte de Penhoël, se mit lentement en marche.

On contourna la tour, on doubla les ruines du vieux château, on gravit une dernière arête du rocher, et l'on se trouva sur le versant occidental de la falaise, en face de l'immense Océan grondant et tumultueux.

Les vagues étaient noires et hautes, le vent soufflait, faisant flotter les cheveux du vieillard.

Nul horizon, mieux que celui qui se déroulait aux regards de ceux qui précédaient ou qui suivaient le cercueil du jeune homme, ne pouvait donner une idée de la puissance et de la colère de Dieu.

Seulement, cette puissance infinie, cette colère immense, qui pouvaient soulever les flots de l'Océan et faire heurter, dans le ciel, les nuages, ces chars qui portent les tempêtes, prenaient-elles pour objet ces questions misérables que débattent, en concile, quelques cardinaux désœuvrés?

C'est ce que l'abbé Dominique, ce grand cœur et ce grand esprit, ne put admettre quand se déroula devant lui le gigantesque spectacle.

Un sourire amer passa sur ses lèvres ; ses yeux se portèrent sur le cercueil où dormait ce cadavre inerte et insensible, et une seule chose lui parut aussi infinie que cette puissance, aussi immense que cette colère de Dieu :

C'était la douleur de ce père.

Le comte s'arrêta en face d'un petit monticule de sable entouré de fougères et de genevriers.

— C'est ici, dit-il, que je désire que l'on dépose le corps de mon fils.

Les porteurs s'arrêtèrent de nouveau, les tréteaux furent dressés comme à la porte de la tour, le cercueil y fut placé en travers.

Le gentilhomme regarda autour de lui : il cherchait le fossoyeur, mais le fossoyeur avait reçu du curé de Penhoël l'ordre de ne pas suivre le convoi.

— Hervey, dit le comte, va chercher deux bêches.

Cinq ou six paysans se précipitèrent vers le château.

Le comte leva la main.

— Laissez faire Hervey, dit-il avec un geste de commandement.

Chacun s'arrêta, Hervey seul descendit aussi rapidement que le lui permettait son âge et disparut par une vieille poterne béante dans un mur encore debout.

Un instant après, il reparut portant deux bêches.

Les paysans voulurent s'en emparer.

— Merci, mes enfants, dit le comte. Cela nous regarde, Hervey et moi.

Il prit une bêche des mains du vieux serviteur.

— Allons, mon bon Hervey, dit-il, préparons son dernier lit au dernier des comtes de Penhoël.

Et il se mit à creuser la terre.

Hervey suivit l'exemple qui lui avait été donné.

Pas un des assistants qui pût retenir ses larmes en voyant ces deux vieillards, la barbe et les cheveux au vent, creusant la fosse d'un enfant que l'un avait engendré et l'autre bercé dans ses bras.

Dominique, les yeux perdus entre ces deux infinis, le Ciel et l'Océan, les bras en croix sur sa poitrine, immobile, sans voix, sans larmes, demeurait debout et comme en extase.

Le beau moine, avec son costume étrange, semblait être là pour compléter le drame pittoresque et poétique dans lequel un Dieu clément lui avait providentiellement distribué son rôle.

La fosse se creusait rapidement dans ce sol friable et elle mesura bientôt cinq ou six pieds de profondeur.

Un des porteurs avait des cordes. On les passa sous le cercueil, qui fut descendu au fond de la fosse.

On chercha l'eau bénite!

Dominique aperçut dans l'excavation d'un rocher voisin une flaque d'eau brillante comme un miroir.

Il alla au rocher, prononça au-dessus de cette eau les paroles sacramentelles, brisa une branche de pin formant un goupillon naturel, trempa cette branche dans le réservoir, et s'approchant de la fosse, il aspergea la bière en disant :

— Au nom du Père, du Fils et du Saint-Esprit, je te bénis, mon frère, et j'appelle sur toi la bénédiction du Seigneur.

— Ainsi soit-il! répondirent les assistants.

— Dieu qui connaissait ton dessein pouvait seul arrêter ton bras et briser ta volonté. Dieu ne l'a pas voulu. Pardon et bénédiction sur toi, mon frère!

— Ainsi soit-il! dirent en chœur les assistants.

Le moine continua.

— Moi, je t'ai connu sur la terre. Je puis donc dire à ces enfants, du même pays que toi, que tu n'as pas démérité de leur affection. Tu étais un digne fils de la Bretagne, tu avais toutes les mâles vertus que ses enfants empruntent à cette digne mère. Tu avais la noblesse, tu avais la force, tu avais la grandeur, tu avais la beauté. Tu as joué ton rôle ici-bas et, quoique âgé de moins de vingt-trois ans, ta vie a été un sacrifice comme ta mort a été un martyre. Je te bénis donc, mon frère, et prie Dieu de te bénir comme je le fais.

— Ainsi soit-il! dit la foule.

L'abbé secoua de nouveau la branche de pin et la passa au comte de Penhoël.

Celui-ci, debout au bord de la fosse, reçut la branche des mains du moine, jeta autour de lui un suprême regard de tristesse, d'orgueil et de dédain; puis, d'une voix sourde d'abord, mais qui, peu à peu, monta aux notes les plus élevées :

— O mes aïeux, dit-il, vous qui avez, dans vos luttes de géant, arrosé de votre sang généreux chaque grain de ce sable, que dites-vous de ceci, ô mes aïeux!

Était-ce la peine d'être d'une race de

conquérants? Était-ce la peine de prendre Jérusalem avec Godefroy de Bouillon, Constantinople avec Baudouin, Damiette avec saint Louis? Était-ce la peine de semer vos cadavres sur tous les chemins qui conduisent au Calvaire, pour qu'une sépulture chrétienne fût refusée, par des prêtres chrétiens, à votre dernier descendant?

O mes aïeux! de l'ombre de vos vertus, comme un grand chêne de l'ombre de ses rameaux immenses, vous avez couvert toute la Bretagne, et voici qu'on refuse à votre rejeton un coin de cette terre que vous ombragiez!

O mes aïeux! n'est-ce point une grande

tristesse et une profonde pitié que de voir refuser à ce noble enfant, qui était mon fils unique et bien-aimé, l'entrée du caveau funèbre de ses pères, quand Dieu, peut-être moins sévère que les hommes, ne lui refusera pas l'entrée du ciel !

O mes aïeux, c'est vous que j'adjure ! Décidez si ce dernier Penhoël est indigne de reposer côte à côte avec le reste de la famille. Assemblez-vous en conseil, ombres augustes et sereines ; dans le monde que vous habitez, appelez-vous par vos noms, depuis Colomban-le-Fort, qui fut tué dans les plaines de Poitiers en repoussant les Sarrazins, en 732, jusqu'à Colomban-le-Loyal, qui porta, en 1793, sa tête sur l'échafaud, et qui mourut en criant :

Gloire à Dieu dans le ciel, paix aux hommes de bonne volonté sur la terre! assemblez-vous et jugez-le, vous les seuls juges que je reconnaisse. Jugez celui dont je viens de creuser la fosse, celui que je viens de déposer dans cette terre, celui enfin dont j'arrose le cercueil avec l'eau du ciel, conservée par le Seigneur dans le creux d'un rocher! — Moi qui ne suis pas son juge, moi qui suis son père, je lui pardonne et je le bénis!

Et, en achevant ces mots, il secoua la branche de pin au-dessus de la fosse et voulut la passer à Hervey; mais c'était plus que le pauvre père n'en pouvait supporter, son visage se couvrit d'une pâleur mortelle, sa voix expira dans sa gorge, un cri déchirant s'échappa de sa poitrine, et il tomba sur le sable comme un chêne brisé par un coup de tonnerre.

IX

Le repas mortuaire.

Un quart d'heure après la scène que nous venons de raconter, sans avoir la prétention de la peindre, Hervey faisait entrer tous les personnages qui avaient suivi le convoi dans ce qui était autrefois la salle des gardes, immense pièce circulaire éclairée par des vitraux de couleur et où brillaient dans l'ombre les blasons, les écus, les armures, les bannières et les épées des anciens seigneurs de Penhoël.

Le moine manquait seul : on comprenait qu'il était resté près du vieux comte, moins peut-être pour prendre soin de lui que pour lui parler de Colomban et lui donner sur la mort de son fils unique des détails qu'il ignorait encore.

Chacun se rangea contre la muraille.

La conversation eut lieu d'abord à voix basse, puis bientôt à voix un peu plus haute. Enfin le doyen de la société, vieillard à cheveux blancs, qui pouvait avoir quatre-vingt-dix ans et qui avait connu les cinq derniers comtes de Penhoël, raconta ce qu'il avait entendu raconter à ses ancêtres, et ce que ses ancêtres tenaient de leurs aïeux, c'est-à-dire les exploits des dix derniers comtes.

Puis une vieille femme prit la parole à son tour, et, de même que l'homme avait raconté les exploits des comtes, elle énuméra les vertus des comtesses.

Ainsi, en attendant le maître, sur la santé duquel la présence d'Hervey rassurait les assistants, chacun faisait de son mieux pour louer grandement ce passé de dix siècles de la grandeur duquel le présent avait hérité.

Et chaque récit, comme une machine électrique, faisait jaillir une étincelle de tous les cœurs, une larme de tous les yeux.

Le vieil Hervey allait de l'un à l'autre, serrait cordialement la main des assistants, et, soudant un récit à un autre, racontait à son tour les événements qu'il avait entendu raconter, et ceux dont il avait été le témoin. Mais quand il en arriva à son jeune maître, quand il essaya de raconter, depuis son premier bégaiement jusqu'à son dernier soupir, l'enfance pure et sereine, la jeunesse tumultueuse et agitée du pauvre

Colomban, des sanglots jaillirent de toutes les poitrines.

Il y avait si peu de temps encore qu'il était venu à Penhoël, que chacun l'avait vu, l'avait salué, lui avait serré la main, lui avait parlé ! Il est vrai qu'il avait paru triste à tout le monde. Mais comme on était loin de se douter que cette tristesse fût mortelle !

C'est une race qui s'en va que celle de ces grands comtes aux larges épaules, aux jambes arquées par l'habitude de monter àcheval, à la tête enfoncée dans les épaules grâce aux casques massifs qui pesaient sur la tête de leurs ancêtres. Mais c'est une race qui s'en va aussi que celle de ces vieux serviteurs dévoués qui naissent chez l'aïeul et qui meurent chez le petit-fils. Avec de pareils hommes, le père en suivant sa femme dans la tombe, ne laissait pas son fils seul dans la maison.

Ce respect qu'on avait pour le vieillard trépassé se fondait en un pieux amour pour l'enfant orphelin. J'ai souvent entendu la génération actuelle nier ou railler cette respectueuse tendresse des vieux domestiques, ce dévoûment absolu des anciens serviteurs que l'on ne voit plus, prétend-elle, qu'au théâtre. Il y a du vrai là-dedans : la société, telle que nous l'ont faite les dix révolutions à travers lesquelles nous avons passé, n'est pas conservatrice de ces sortes de vertus. Mais peut-être est-ce autant la faute des maîtres que celle des domestiques, si ces choses ont changé. Cette fidélité tenait beaucoup de celle du chien. Les anciens maîtres battaient, mais caressaient. Aujourd'hui, on ne bat plus, mais on ne caresse plus ; on paie, et, bien ou mal, on est servi.

Oh ! les vieux chiens et les vieux domestiques, ce sont encore les meilleurs amis des jours orageux.

Quel ami vaut un chien quand on est triste, un chien qui vient s'asseoir en face de nous, qui nous regarde, qui gémit, qui nous lèche !

Supposez au milieu d'une grande douleur, à la place de ce chien qui sait si bien vous comprendre.

Supposez un ami, votre meilleur ami.

Quelles consolations banales, quels conseils impossibles à suivre, quels raisonnements interminables, quelles discussions obstinées ne serez-vous pas forcé d'essuyer ? Dans la plus loyale et la plus tendre sympathie d'un ami pour votre douleur, il se glisse toujours une nuance d'égoïsme ; à votre place, il n'eût point agi comme vous, il eût patienté, temporisé, résisté, que sais-je, moi ! mais, en tout cas, il se fût conduit autrement que vous ne vous êtes conduit. En un mot, il vous accuse et, en vous plaignant et en essayant de vous consoler, il vous blâme.

Mais les vieux chiens, mais les vieux domestiques, échos fidèles de vos peines les plus intimes, ils les répètent sans les discuter, rient et pleurent, jouissent et souffrent avec vous et comme vous, et vous ne leur redevez jamais rien sur leurs sourires et sur leurs larmes.

La génération qui nous précède les nie; la génération qui nous suit n'en aura pas même entendu parler.

Les chiens de nos jours jouent aux dominos, et les domestiques de notre époque à la hausse et à la baisse.

Nous insistons comme, en temps et lieu, nous avons insisté sur les moulins ; c'est encore un us qui s'en va et que nous voudrions retenir comme tout ce qu'il y avait de bon, de poétique ou de grand dans le passé.

Le pauvre Hervey avait non-seulement la fidélité et le dévoûment de ces chiens, auxquels nous faisons à quelques hommes l'honneur de les comparer, mais il en avait encore les facultés.

Il entendit et reconnut le pas de son maître qui retentissait sourdement sur les marches sonores de l'escalier.

Il courut à la porte et l'ouvrit.

Le comte, pâle, le visage labouré par les larmes qu'il avait versées en revenant à lui, mais ferme et calme comme s'il ne venait pas, comme Jacob, d'être vaincu par l'ange de la douleur, le comte apparut sur le seuil.

L'abbé Dominique venait derrière lui.

Le vieillard salua cette assemblée de paysans comme il eût fait d'une réunion de princes.

— Derniers amis de mon fils, dit-il, vousqui venez d'accompagner à son tombeau le nom des Penhoël, je regrette de ne pouvoir vous recevoir plus dignement dans le château de mes pères. Nous étions si chagrins, Hervey et moi, que nous n'avons peut-être pas pourvu suffisamment à vos besoins. Toutefois, veuillez entrer dans la salle à manger, et, selon l'usage de notre vieille Bretagne, accepter de bon cœur, et comme je vous l'offre, le repas mortuaire.

Alors, traversant la salle d'un pas ferme, et faisant ouvrir à deux battants, par Hervey, la porte qui se trouvait en face de celle par laquelle il était entré, il invita tous les assistants, depuis le métayer jusqu'au gardeur de chèvres, à passer dans la salle à manger.

Là, sur des tréteaux, étaient couchées d'immenses planches de chêne formant une table gigantesque, et supportant un repas homérique.

Il n'y avait à la table ni haut bout ni bas bout. On sentait que l'égalité de la mort avait passé par là.

Le vieux comte se plaça au milieu de la table, et fit signe à l'abbé Dominique de se placer en face de lui.

Les plus vieux se mirent à sa droite et à sa gauche, et, selon l'âge, chacun prit sa place mais resta debout.

L'abbé Dominique dit le *Benedicite* au milieu du plus profond silence.

Le *Benedicite* fut répété en chœur par tous les assistants.

Alors le comte de Penhoël prit la parole.

— Mes amis, dit-il, prenez part à ce repas en l'honneur du vicomte de Penhoël avec le même visage que si c'était lui qui vous l'offrît.

Puis, tendant son verre à Hervey qui le remplit, il l'éleva au-dessus de la tête de tous, en disant :

— Je bois au repos de l'âme du vicomte Colomban de Penhoël.

Et tous répétèrent après lui :

— Nous buvons au repos de l'âme du vicomte de Penhoël.

Et le repas commença.

Pour quiconque ignore cette antique coutume, conservée non-seulement en Bretagne, mais encore dans quelques autres provinces de France, le repas mortuaire est une des scènes les plus touchantes auxquelles on puisse prendre part ou que l'on puisse entendre raconter.

La puissante résignation dont, en cette circonstance, s'arme, comme d'une cuirasse, la famille du mort, est véritablement formidable. On a peine à comprendre, quand la solitude, ce refuge naturel des grandes douleurs, est à quelques pas de là, on a peine à comprendre comment la famille peut s'imposer cette cruelle torture de refouler ses larmes et de comprimer les battements de son cœur, et cependant le nombre de ces martyrs volontaires est grand, et, en Bretagne surtout, on serait mal venu à contester à ces malheureuses familles cette pratique, reste des temps barbares, inexplicable même aux jours les plus reculés.

Le repas achevé, l'abbé Dominique dit les *grâces*, et tout le monde se leva.

Le comte de Penhoël s'avança vers la porte dont Hervey, qui bien entendu avait dîné à table avec tout le monde, ouvrit les deux battants.

Puis, sortant le premier mais s'arrêtant dans l'embrasure de la porte, il s'adossa contre la muraille.

Et quand le premier paysan sortit de la salle et passa devant lui, il lui dit en inclinant la tête en signe de reconnaissance :

— Je te remercie, un tel, d'avoir accompagné mon fils jusqu'à sa tombe.

Et ainsi de suite jusqu'au dernier assistant.

Le dernier fut l'abbé Dominique.

Le comte de Penhoël s'inclina devant lui comme il avait fait pour les autres, et, comme il avait remercié les autres, il le remercia.

Mais,ce d evoir accompli, il posa sa main sur l'épaule du moine, fixa sur lui un regard suppliant, et prononça ces deux seuls mots :

— Mon père!

Le moine, mieux encore que ces deux mots, comprit ce regard.

— J'aurai l'honneur de rester quelque temps près de vous si vous le souhaitez, monsieur le comte, dit-il.

— Merci, mon père, répondit le vieux gentilhomme qui, ayant dit un dernier adieu de la main aux assistants reconduits par Hervey, entraîna le moine vers une chambre ayant à la fois l'aspect d'un cabinet de travail et d'une chambre à coucher.

Puis, présentant un siége à l'abbé, et en prenant un autre lui-même :

— C'était, dit-il, sa chambre quand il venait ici... Ce sera la vôtre, mon père, pendant tout le temps que vous voudrez bien rester à la tour de Penhoël.

X

La relique du père.

Un autre que nous essayerait de donner une idée de ce qui se passa entre ce père pleurant son fils unique, et ce moine qui venait lui raconter les derniers moments de ce fils dans cette chambre où nous les avons laissés.

Mais, quant à nous, Dieu nous garde de tenter cette œuvre impossible, de rendre compte de la douleur d'un père qui a perdu son fils, ou d'un fils qui a perdu son père.

Au bout d'une heure, de sombres regards jetés sur les dernières heures de Colomban, le comte de Penhoël, malgré les instances du moine pour être placé dans toute autre partie du château, installa Dominique dans la chambre de son fils et se retira pour lui laisser prendre quelque repos.

Le lendemain, le moine, redoutant que sa vue n'augmentât la tristesse du malheureux père au lieu de la calmer, annonça au comte de Penhoël qu'il allait repartir le jour même.

— Vous en êtes le maître, mon père, répondit le comte, et vous avez tant fait déjà pour moi que je n'ose vous demander davantage. Mais cependant, si nul devoir pressant ne vous rappelle à Paris, je vous supplie de passer quelques jours encore auprès de moi; la vue de l'ami de mon fils, loin de m'attrister davantage, ne pourrait que me consoler, si je pouvais être consolé.

— Je resterai près de vous, monsieur le comte, dit l'abbé, aussi longtemps que vous le désirerez.

Et ils passèrent ainsi ensemble tout un mois.

De quelle façon chaque journée s'écoulait-elle ?

Comme s'était écoulée la veille, en parlant de Colomban, en regardant le ciel, en mesurant des yeux l'étendue de l'Océan, en échangeant de ces hautes paroles et de ces graves pensées comme les âmes en échangent au ciel. Une de ces journées les dira toutes.

Le matin, le comte arrivait chez l'abbé, il lui tendait silencieusement la main, le saluait de la tête, ouvrait la fenêtre, s'asseyait sur un grand escabeau de chêne sculpté, et, assis, il montrait de sa longue main pâle et effilée les vagues qui se soulevaient sur la vaste plaine de l'Océan.

— C'est ici qu'il s'asseyait, murmurait le pauvre père, éternellement en proie à une seule et même pensée, et de cette même place où je suis, son regard plongeait au fond de l'horizon où plonge le mien. Il comprenait mieux la grandeur de Dieu à l'aspect du grand spectacle de la mer ; souvent, il prenait sa mappemonde et la posait là sur le rebord de la fenêtre, et passant de l'Océan à la terre, et de la terre au ciel, son regard essayait de percer le voile épais que Dieu étend, tout parsemé d'étoiles, entre la terre et lui. Tenez, mon père, continuait le comte sans quitter sa place et en désignant l'instrument du doigt, voici sa mappemonde, je vois encore sa main errante sur ces mondes inconnus. Voici ses livres de droit, ses livres de médecine, de physique, de chimie, de botanique. Voici son fusil, sa carabine, ses fleurets ; voici ses cartons à dessin, son piano, son Virgile, son Homère, son Dante, son Shakespeare, sa Bible ; car, sacré ou profane, il admirait tout ce qui était beau, vénérait tout ce qui était grand. Ne dirait-on pas, à voir cette chambre ainsi, qu'il va entrer nous sourire, s'asseoir et causer avec nous ?

Le vieillard laissa tomber sa tête sur sa main, puis il ajouta, cette fois comme se parlant à lui-même :

— Une des dernières nuits qu'il a passées ici, c'était une nuit d'orage. Il faisait une chaleur étouffante ; je ne pouvais respirer dans ma chambre ; j'étais triste comme si quelque oiseau funèbre tournait autour de ma tête. Je vis de la lumière à sa fenêtre, et, surpris de le voir veillant encore à trois heures du matin, je vins le trouver. Savez-vous ce qu'il faisait, mon père? Il apprenait une langue nouvelle, il étudiait l'hébreu. C'était vraiment une organisation merveilleuse, une intelligence supérieure. Les autres hommes ont des tendances particulières, un genre spécial pour telle ou telle étude, telle ou telle science. Lui, lui, il avait le désir de tout savoir, l'ambition de tout apprendre, la faculté de tout approfondir. Ce n'est pas, croyez-moi, mon amour pour lui qui m'aveugle ; ce n'est pas mon orgueil de père qui me fait parler ainsi. Interrogez tous ceux qui l'ont connu, ses maîtres, ses camarades, vous-même, car j'oublie qu'il était votre ami. Et quand on pense que quelques livres de charbon, matière inerte, ont détruit toute cette image d'homme, faite à la ressemblance de Dieu. Avec un peu de fumée ! est-ce possible, et cela ne ressemble-t-il pas vraiment à une dérision ?...

Dominique se leva, vint au comte et lui tendit silencieusement la main.

— De quoi parliez-vous, quand vous étiez ensemble ? demanda le pauvre père.

— De Dieu et de vous.

— De moi?

— Il vous aimait tant!

— Il a aimé une femme plus qu'il ne m'aimait, puisque son amour pour moi ne l'a pas empêché de mourir pour cette femme.

Puis, revenant à parler avec sa propre pensée :

— Oui! dit-il, c'est ainsi, et, dans l'équilibre de la nature, il faut que cela soit ainsi. Il faut que le jeune homme aime mieux la femme qui donnera le jour à ses enfants, qu'il n'aime les parents qui lui ont donné le jour. Le Seigneur n'a-t-il pas dit à la femme : « Tu quitteras ton père et ta mère pour suivre ton mari. » Il nous a quittés, nous, pour suivre la femme, et la femme l'a conduit dans ce pays inconnu qu'on appelle la mort.

— Vous l'y retrouverez un jour, monsieur le comte.

— Le croyez-vous, mon père? demanda le comte en fixant ses yeux perçants sur ceux de Dominique.

— Je l'espère, monsieur! répondit celui-ci.

— Vous l'avez absous de son crime, n'est-ce pas?

— Du fond du cœur, monsieur !

— Votre absolution m'effraie pour les autres pères, monsieur. Quel encouragement terrible au suicide, si les suicidés sont absous !

— Oh ! monsieur le comte, la mort de votre fils n'est pas un suicide, c'est un martyre. Celui qui, pour sauver son pays se jette volontairement dans le gouffre, je l'absous. Un jour viendra, monsieur le comte, où les sociétés, plus solidement assurées, pourront juger de sangfroid les crimes de la société comme on juge le crime de l'individu. Un jour viendra où le Code, qui vient des hommes, s'accordera avec les sympathies qui viennent de Dieu. L'enfant que nous pleurons, monsieur le comte, vous comme un père, moi comme un frère, est mort victime d'une de ces sympathies célestes entravée par les mœurs d'une société barbare. Un homme s'est dit son ami, qui l'a outrageusement trompé. Si la loi punissait le mensonge, la mort ne serait plus le refuge des honnêtes gens.

— Merci, mon père, dit le comte, je vous remercie de vos bonnes paroles. Elles me donnent l'espoir que, s'il s'est séparé de moi pour un temps, je me réunirai à lui dans l'éternité.

Puis se levant :

— Allons le voir, dit-il.

Tous deux sortirent et s'acheminèrent vers le tombeau.

Arrivés là, le moine s'aperçut que le comte avait choisi cette place, parce qu'il pouvait la voir de la fenêtre de sa chambre.

Cette fenêtre ouverte indiquait qu'avant de venir trouver Dominique, le comte avait déjà salué ce tombeau.

Tous deux s'assirent sur le rocher où Dominique avait puisé de l'eau pour en asperger la bière.

Il se fit un instant de silence.

— Ainsi, demanda le comte, comme s'il reprenait une conversation interrompue, vous croyez fermement à une autre vie?

Le moine brisa une branche de chêne rabougri, en arracha un bourgeon qui semblait complètement mort, et au cœur du bourgeon, il montra au comte le germe du bourgeon futur.

— Oui, je comprends, dit le comte, la mort elle-même a son germe de vie ; mais là, vous ne me montrerez que la mort annuelle, c'est-à-dire le sommeil. L'arbre qui vit trois cents ans a son heure suprême comme l'homme. L'hiver, ce n'est pas la mort de la nature, ce n'est que son sommeil.

— Mais, répondit Dominique, l'arbre végète et ne vit point. Il ne parle pas, il ne pense pas, il n'a point d'âme.

Le comte ne répondit pas.

Dans la chambre de Colomban, sa main s'était posée sur un livre, et, par distraction ou à dessein, il l'avait emporté.

C'était un volume de ce grand philosophe qu'on appelle Shakespeare.

Il l'ouvrit et lut d'abord tout bas, puis tout haut.

Il était tombé sur ce passage du roi Lear, et sans doute y trouvait-il avec les tristesses de son cœur des analogies douloureuses, quoique vagues et lointaines.

« Celui dont l'âme est en proie à une grande douleur est à peu près insensible à une peine légère. Qu'une bête féroce te poursuive, tu fuiras; mais si ta fuite rencontre devant elle l'obstacle d'une mer mugissante, tu reviendras affronter la bête féroce en face. Quand l'âme est libre, le corps est délicat et sensible à la douleur. »

Et, comme pour placer l'exemple à côté du précepte, en ce moment, une des plus froides brises qui soient jamais sorties de la bouche de marbre de l'ouest commençait à souffler, et, surprenant le comte et Dominique, semblait vouloir glacer les paroles à la bouche du comte et les larmes aux yeux du moine.

Le jeune homme se sentit frissonner par tout le corps et invita le comte à rentrer au château.

Mais lui semblait, avec Shakespeare, vouloir donner la preuve que, dans les grandes souffrances de l'âme, le corps est insensible à la douleur; il restait assis et immobile, continuant sa lecture d'une voix sonore.

Ainsi placé sur le rivage de la mer, qui se gonflait et venait mugissante se briser à ses pieds, le vieux comte ressemblait véritablement à ce géant des douleurs qu'on appelle le roi Lear. — Ses cheveux flottants, dont le vent soulevait les boucles argentées, complétaient la ressemblance. Seulement l'un pleurait l'ingratitude de ses filles, l'autre la mort de son fils.

C'est aux pères de dire s'il ne vaut pas mieux pleurer un enfant mort qu'un enfant ingrat.

Le comte en était arrivé à ces douloureuses plaintes et à ce sombre anathème que l'Eschyle anglais met aux lèvres du père de Goneville de Regaus et de Cordelen.

« Soufflez, vents, déchaînez-vous; orages, déployez toutes vos fureurs; cataractes, ouragans, tempêtes, versez vos torrents glacés sur la terre, ensevelissez sous vos eaux la cime de nos tours et de nos clochers; éclairs sulfureux, rapides comme la pensée, brûlez mes cheveux blancs; tonnerre implacable, qui ébranle l'univers sur son axe, écrase le monde; brise les moules de la nature; extermine tous les germes qui produisent l'homme ingrat.

» Épuisez vos flancs, orages; épuisez les torrents de pluies et de flammes, vents, tonnerres et tempêtes; vous n'êtes pas mes enfants, je ne vous accuse pas d'ingratitude, vous ne me devez pas obéissance; exercez donc sur moi, à votre gré, tous les caprices furieux de vos jeux cruels : me voici votre esclave soumis, un pauvre et faible vieillard accablé sous le poids des infirmités et du mépris ; et cependant j'ai droit de vous appeler de lâches ministres, vous qui du haut des cieux vous liguez avec des enfants ingrats pour me déclarer la guerre, vous qui choisissez pour but à vos coups une tête vieille et couverte de cheveux blancs... Oh ! c'est de votre part une honteuse lâcheté. »

Et le visage et les gestes du comte de Penhoël étaient bien d'accord avec ceux du pauvre roi Lear. Comme lui, il s'arrachait les cheveux, et le souffle qui rebondissait sur l'immense Océan les faisait, pareils à des flocons de neige, tournoyer au milieu des airs.

D'autres fois, quand la brume du matin ou la tempête de la nuit avaient rendu le sentier qui bordait la mer tout à fait impraticable, ou quand les pluies glaçantes de mars tombaient d'un ciel bas et brumeux comme des lances acérées, le comte, suivi de Dominique, montait, soit sur cette plate-forme où nous l'avons vu attendre le corps de son fils, soit dans la chambre la plus élevée de la tour qui, au temps des guerres de province à province ou de seigneur à seigneur, devait servir à placer un corps de garde.

Là, comme Priam regardant du haut des tours de Troie le cadavre de son fils traîné sept fois autour du tombeau d'Hector, il appelait son enfant et récitait les lame tations que le divin Homère met dans la bouche du vieux roi.

« Priam-le-Grand entra sans être aperçu, et, s'approchant d'Achille, il prit entre ses bras les genoux du héros, baisa ses mains meurtrières, ces mains terribles qui lui tuèrent tant de fils. Ainsi, quand le destin a pris un homme qui dans sa patrie a tué un autre homme, et l'a poussé chez un peuple étranger, quand cet homme entre dans la maison d'un homme riche où il vient chercher un refuge, tous ceux qui le voient restent frappés de stupeur. Ainsi Achille fut stupéfait en voyant Priam, semblable à un dieu, et les assistants non moins stupéfaits qu'Achille, se regardèrent les uns aux autres :

» Alors Priam suppliant lui adressa ce discours :

« Achille, égal aux dieux, souviens-toi de ton père, il est du même âge que moi et sur le seuil mortel de la vieillesse. Peut-être des voisins ennemis le pressent-ils et n'a-t-il personne pour repousser loin de lui la guerre et la mort... mais, certes, celui-ci du moins entendant parler de toi, et sachant que tu vis, se réjouit dans son cœur, et en outre espère tous les jours qu'il reverra son cher fils de retour de Troie. Mais moi, moi, malheureux tout à fait, puisque, j'engendrai tant de vaillants fils dans la vaste Troie et qu'aucun de ces fils ne m'a été laissé. — J'en comptais cinquante lorsque vinrent les Achéens. Dix-neuf étaient sortis des mêmes entrailles et mes femmes avaient mis au monde les autres dans mes palais, — l'impétueux Mars leur a brisé les genoux, et celui qui était seul près de moi, qui défendait et la ville et nous, tu l'as tué dernièrement au moment où il combattait pour la patrie, Hector !

» Et moi je viens à présent à cause de lui vers le vaisseau des Achéens, afin de le racheter de toi, et j'apporte des rançons infinies. Respecte les dieux, Achille, et aie pitié de moi-même ; et te souvenant de ton père, songe que je suis bien autrement à plaindre que lui, car j'ai supporté des choses telles qu'aucun autre homme vivant ne les a encore supportées sur terre, c'est de tendre la main vers la bouche de l'homme qui a tué mon fils. »

Un autre jour, c'était le dixième chant du Dante qui revenait à la pensée du pauvre père. Mais ce qu'il voyait dans ce dixième chant, ce n'était point Defarinata des Uberti plus tourmenté par la défaite des siens que par sa couche de feu. Non! c'était la figure anxieuse de Cavalcanti, de cette ombre paternelle qui, aux côtés du Dante, cherche son fils.

Alors, dans la langue où ils avaient été composés, il redisait ces beaux vers de l'exilé florentin.

« Lors, de la partie où la tombe était

découverte, surgit la tête d'une autre ombre qui semblait s'être posée sur ses genoux.

» Le fantôme regarda autour de lui comme pour chercher quelqu'un, et, quand son espoir se fut évanoui, il me dit tout en pleurs :

» — La puissance du génie t'aura ouvert cette noire prison. Où est mon fils et pourquoi ne l'aperçois-je pas à tes côtés ?

» Et moi à lui :

» — Je ne viens pas par mon seul pouvoir. Le sage qui me dirige est là près de nous. — Peut-être votre guide dédaigna-t-il trop ce maître sublime.

» Ses paroles et son genre de supplice m'avaient révélé le nom de cette ombre. Ma réponse fut donc précise.

» Mais, se dressant soudain, le fantôme : — Comment as-tu dit? *dédaigna*... A-t-il cessé de respirer, et la douce lumière du soleil ne réjouit-elle plus ses yeux ?

» Et comme je tardais à répondre, il tomba renversé dans son cercueil et ne se montra plus. »

Et il avait coutume de dire, en secouant la tête, le pauvre comte, qui se connaissait en douleurs :

— C'est celui-ci qui souffrait le plus, puisqu'il souffrait silencieusement et sans se plaindre.

Et cependant, peu à peu, l'abbé, comme un père qui guide et qui dirige un enfant aveugle, guidait et dirigeait la douleur du vieillard dans le chemin de la résignation.

Nous l'avons dit, cette convalescence morale dans laquelle Dominique fit entrer le père de Colomban dura un mois environ.

On en était arrivé à la moitié de mars à peu près, lorsqu'un matin, avant l'heure où le comte avait l'habitude de se présenter chez l'abbé Dominique, l'abbé Dominique se présenta chez le comte.

Il tenait une lettre à la main, et son front tout à la fois paraissait joyeux et inquiet.

— Monsieur le comte, dit-il, tant que rien d'absolu ne m'a rappelé à Paris, je suis resté près de vous ; mais aujourd'hui il faut que je vous quitte.

— Absolument ? répondit le vieillard.

— Voici une lettre de mon père qui m'annonce qu'il arrive à Paris, et, depuis près de huit ans, je n'ai pas vu mon père.

— Votre père, Dominique, est un homme heureux d'avoir un tel fils. Partez, mon ami, je ne vous retiens pas.

Mais l'abbé, calculant et la date de sa

lettre et l'arrivée probable de son père à Paris, donna encore vingt-quatre heures au comte, et il fut convenu que Dominique ne partirait que le lendemain.

La journée fut ce qu'avaient été les autres journées, avec un redoublement de tristesse de plus.

On passa la dernière soirée dans la chambre de Colomban.

La revue fut faite de tout ce qui avait été dit dans ce mois, que le pauvre père eût voulu éterniser.

Le comte supplia Dominique de revenir aussitôt que ses devoirs ne le retiendraient plus à Paris. L'abbé Dominique s'y engagea de tout son cœur. Il lui promit, d'ailleurs, d'ouvrir avec lui dès son arrivée à Paris une correspondance qui devait être aussi précieuse au père qu'à l'ami.

Ils causèrent ainsi bien avant dans la nuit sans regarder l'heure et sans s'en inquiéter.

Dominique raconta de nouveau au comte de Penhoël, et pour la dixième fois, dans quelles circonstances il avait connu son fils.

Il lui fit un détail minutieux des moindres accidents de sa vie de Paris, puis, quand, toujours pressé par le comte d'aller en avant, il en arriva à la cause principale de la mort du jeune homme, il s'arrêta hésitant.

— Continuez ! dit le comte.

Mais parler à ce père de la femme qui avait causé la mort de son fils, c'était un sujet qu'il n'avait point encore abordé jusques-là. C'était même, dans le cas où ce père l'exigerait, un terrible devoir à remplir.

Il était donc tout simple que la parole s'arrêtât aux lèvres de Dominique.

— Continuez, mon ami, dit le comte avec fermeté.

— Vous voulez que je vous parle d'elle? demanda le prêtre.

— Oui !... Qu'est-ce que cette jeune fille qu'il aimait ?

— Une sainte tant qu'il a vécu, une martyre depuis qu'il est mort.

— Vous l'avez connue, mon ami?

— Comme j'ai connu Colomban.

Et alors il lui raconta la piété de Carmélite pour sa mère, comment la mère morte sans confession, on l'avait envoyé chercher, lui, pour qu'on ne l'ensevelît pas sans prière ; comment Colomban avait connu Carmélite pendant cette veillée funèbre. Puis il raconta l'arrivée de Camille, la vie des trois amis, le départ de Colomban, son retour, le départ de Camille, la longue attente de Carmélite, l'amour des deux jeunes gens pendant cette absence, la lettre annonçant le retour du créole, puis enfin la catastrophe terrible dans laquelle l'un succomba et l'autre survécut.

Le comte écouta tout ce récit immobile, les mains croisées, la tête renversée en arrière, les yeux fixés au plafond.

De temps en temps, une larme cachée et silencieuse sillonnait les joues du vieillard.

Puis, quand Dominique eut fini :

— Ils eussent été si heureux près de moi, dans cette vieille tour de Penhoel! dit-il.

Puis, après un soupir :

— Et moi, ajouta-t-il, j'eusse été si heureux près d'eux!

— Monsieur le comte, hasarda Dominique voyant le vieillard dans cette disposition d'esprit ou plutôt de cœur, ne reporterai-je pas à Carmélite le pardon du père de Colomban?

Le comte tressaillit et parut éprouver un moment d'hésitation.

Puis, avec un inexprimable accent de prière :

— Que Dieu pardonne à cette jeune fille comme je lui pardonne ! dit-il en levant les mains au ciel.

Puis, ayant dit ces mots, il se leva, et, de ce pas ferme et régulier qui lui était habituel, il marcha vers le secrétaire.

La chambre, où brûlait une seule lampe prête à s'éteindre, était dans l'obscurité. Il tâtonna un instant pour trouver la clé, la trouva enfin, rabattit le devant du secrétaire, ouvrit un tiroir, y plongea la main avec la certitude d'un homme qui sait où, du premier coup, il trouvera ce qu'il cherche.

Il en tira un petit paquet enveloppé d'un papier de soie.

Il s'approcha de l'abbé, et en même temps de la lampe.

L'abbé lui tendit la main.

— Merci ! d'avoir pardonné à la pauvre femme. Votre pardon, c'est sa vie.

— Ce n'est point assez, mon père, que de pardonner à cette jeune fille, répondit le vieillard, et je songe avec effroi à son désespoir de lui avoir survécu. Je la plains de toute mon âme, et je fais vœu toutes les fois que je prierai pour *lui* de prier en même temps pour elle. Enfin, comme gage de souvenir à la femme qu'avait choisie mon fils, je lui donne le seul trésor qui me reste en ce monde, c'est la boucle de cheveux blonds que sa mère a coupée sur sa tête le jour de sa naissance.

A ces mots, il ouvrit le papier, prit une plume et écrivit sur le papier ces quelques mots :

« Pardon et bénédiction à la femme que mon Colomban a aimée. »

Et il signa :

« Comte de Penhoël. »

Puis il porta la boucle de cheveux à ses lèvres, la baisa longuement et tendrement, et tendit le papier au moine.

Dominique pleurait et n'essayait plus de cacher ses larmes, car ce n'étaient plus des larmes de douleur, mais des larmes d'admiration qu'il répandait.

Il admirait la grandeur de ce père, qui se dépouillait de sa relique la plus précieuse en faveur de la femme qui avait causé la mort de son fils.

Et le lendemain, les deux amis, après avoir été faire, au soleil levant, une visite au tombeau de Colomban, les deux amis s'embrassèrent étroitement en se disant au revoir, ignorant que de si terribles événements passeraient entre eux qu'ils ne se reverraient qu'au ciel.

XI

L'ange des consolations.

Laissons le vieux comte assis et la tête inclinée devant la tombe de son fils, et revenons à cette pauvre désespérée qu'on appelle Carmélite.

L'appartement qu'elle occupait rue de

Tournon était composé de trois pièces, comme son appartement de la rue Saint-Jacques. Il avait été, comme nous l'avons dit, décoré et meublé par les soins de ses trois jeunes amies : Régina, madame de Marande et Fragola. Mais celle qui avait surtout, plus avant peut-être que les autres dans la connaissance du caractère de Carmélite, donné le ton à l'ensemble et particulièrement présidé à l'arrangement de la chambre à coucher, c'était Fragola.

Dans cette chambre à coucher, au reste, étaient entrés tous les objets meublant le pavillon de Colomban.

Le piano où lui et Carmélite avaient chanté cette dernière symphonie, chant du cygne qui devait présager la mort des deux amants et qui n'avait présagé que la mort d'un seul.

Les deux amies de Carmélite, Régina et madame de Marande, avaient voulu s'opposer à cette translation complète des meubles de Colomban dans la chambre de Carmélite.

Mais Fragola avait compris leurs craintes et àvait insisté.

— Oui, sans doute, mes sœurs, avait-elle dit, s'il s'agissait d'une autre que Carmélite, ce que je vous demande de faire, et ce que je ferai malgré vos observations, serait une imprudence, peut-être même une cruauté. Une femme qui aurait aimé Colomban d'un amour ordinaire, eût d'abord trouvé une certaine consolation à vivre au milieu des souvenirs de cet amour. Mais peu à peu, et au fur et à mesure que le temps se serait écoulé, que l'oubli aurait monté à la surface de sa douleur, ces objets, au lieu d'être pour elle un motif de consolation, seraient devenus un motif d'ennui, puis de fatigue, et un jour enfin, lorsqu'elle eût été complétement guérie de cet amour, un motif de reproche peut-être. Mais soyez tranquilles, mes sœurs, je connais Carmélite, et il n'en est point ainsi d'elle. Sa douleur sera éternelle comme son amour, et cette chambre deviendra un tabernacle où vivra, comme dans une arche sainte, le souvenir de Colomban. Faisons donc comme je vous dis, et dans dix ans, comme aujourd'hui, Carmélite vous remerciera.

Alors on avait donné carte blanche à Fragola à l'endroit de la chambre à coucher, et la jeune fille, de son côté, avait laissé toute liberté à ses deux compagnes pour les autres pièces.

Alors, au lieu des rideaux, des tentures, des tapisseries bariolées de vives couleurs, dont Camille avait couvert les murs de la petite maison de Meudon, Régina avait tout drapé avec une sévère simplicité ; c'était la maison aux nuances brunes et sombres d'une veuve, et non l'appartement joyeux et chantant d'une jeune fille. Aussi Carmélite, en entrant, s'était-elle sentie prise d'une indéfinissable impression de mélancolie qui avait mis son cœur aussi à l'aise que l'avait été, dans une sphère opposée, celui de Rose-de-Noël en quittant son chenil de la rue Triperet pour son paradis de la rue d'Ulm.

Au moment où commence ce chapitre, Carmélite, pâle toujours — elle devait garder cette pâleur jusqu'à la mort — faible encore, était étendue sur une longue causeuse et regardait, avec des yeux où se peignait une indicible mélancolie, une jeune femme qui, assise près d'elle sur un carreau assez élevé, achevait de lui conter une sombre histoire.

Cette jeune fille, c'était Fragola.

On se rappelle que la charmante enfant avait demandé à Salvator la permission de n'avoir aucun secret pour Carmélite, et que, cette permission, Salvator la lui avait accordée.

Voilà ce qu'elle s'était dit à elle-même avec cette intelligence du cœur qui s'élève presque jusqu'au génie.

— Carmélite guérira peut-être du corps, mais elle ne guérira certainement pas de l'âme. On dit qu'il y a une science nouvelle qu'on appelle *l'homœopathie*. Cette science est l'art de guérir par les semblables. Eh bien, en racontant à Carmélite une histoire plus triste encore que la sienne, peut-être, il est possible que Carmélite, ce cœur d'or, cette âme d'ange, apte à tout comprendre et à tout sentir, cesse de verser des larmes quand je lui dirai : « Ma sœur, c'est assez pleurer ; ma sœur, c'est assez souffrir. Si tu verses tous tes pleurs sur tes propres maux, que te restera-t-il pour les douleurs des autres ? Crois-tu donc, ma sœur, avoir été la seule désolée sur la terre ? Ignores-tu qu'il y a des misères si profondes, que ton œil se fermerait en proie au vertige avant que de les sonder ? Et moi qui te parle, j'ai connu des visages que les larmes ont creusés comme les torrents creusent les ravines. Mais je connais aussi des âmes vaillantes dans des corps faibles, qui, au lieu de pleurer, ont séché les larmes des autres ; qui, au lieu de mourir, ont combattu ! »

Et alors, pauvre enfant, si durement éprouvée à dix-huit ans, elle avait raconté à Carmélite sa propre vie, c'est-à-dire une vie de souffrances, sans repos ni trêve, qui cependant avait complétement changé le jour où elle avait abordé à ce port charmant de la rue Mâcon, sous le souffle de l'amour de Salvator.

Peut-être raconterons-nous un jour cette vie; mais quand? mais comment? nous l'ignorons maintenant, engrainé que nous sommes dans la série d'événements qui forme le nœud de notre livre.

Carmélite avait écouté, pleuré, frémi; puis, sous le poids d'une profonde impression :

— Oh! chère sœur, avait-elle dit, toi aussi, tu as été rudement éprouvée par la douleur. Embrasse-moi et confondons les larmes de notre jeunesse comme nous avons confondu les joies de notre enfance.

Alors Fragola s'était élancée dans les bras de son amie, et toutes deux, ainsi étroitement enlacées, les cheveux noirs de Carmélite mêlés aux cheveux blonds de Fragola, les lèvres pâles de l'une collées aux lèvres de pourpre de l'autre, elles avaient aspiré dans un long baiser leurs douleurs communes, et l'ange des consolations avait étendu ses ailes blanches au-dessus de leurs têtes.

Puis Carmélite, étant descendue en elle-même, reprit après un long silence :

— Tu as raison, Fragola, dit-elle, c'est le propre des âmes faibles de se laisser vaincre par la douleur. Par la douleur, au contraire, les cœurs comme le tien s'épurent et se régénèrent. Merci! ma sœur, de ta salutaire leçon. A partir de cette heure, je suivrai ton exemple, et comme tu as été sauvée de la mort par l'amour, je veux rentrer dans la vie, conduite par la main du travail. Un jour il me disait que j'étais née pour être une grande artiste. Je ne veux pas qu'il se soit trompé : la bouche de mon Colomban ne pouvait mentir. Je deviendrai cette grande artiste, Fragola. On dit qu'il faut parfois une grande douleur pour faire un grand génie : la grande douleur ne m'a pas manqué. Merci à Dieu, que sa volonté soit faite! Je demanderai à l'art ses mystérieuses et sublimes consolations. Ne t'inquiète donc plus de ma vie, chère sœur de mon âme. Je penserai à toi et je serai forte. Je penserai à lui et je serai grande.

— Bien! Carmélite, dit Fragola, et sois sûre que Dieu t'accordera un jour la gloire, sinon le bonheur.

Au moment où Fragola achevait de prononcer ces paroles, un coup de sonnette retentit à la porte.

A ce bruit, qui n'avait cependant rien de bien alarmant, la pâleur de Carmélite s'augmenta tellement, que Fragola, croyant que son amie allait s'évanouir, poussa un cri d'effroi.

— Qu'as-tu donc? demanda-t-elle.

— Je ne sais, dit Carmélite, mais je viens d'éprouver une étrange sensation.

— Où cela?

— Au cœur.

— Carmélite...

— Écoute, ou je deviens folle, ou la personne qui vient de sonner m'apporte des nouvelles de Colomban.

La femme de chambre de Carmélite entra.

— Madame veut-elle recevoir un prêtre qui arrive de Bretagne?

— L'abbé Dominique ! s'écria Carmélite.

— En effet, madame, c'est lui ; seulement il m'avait défendu de dire son nom, de peur que ce nom fît une pénible impression sur madame.

Le front de Carmélite se couvrit d'une sueur froide. Elle serra convulsivement la main de Fragola.

— Eh bien, demanda-t-elle, que t'avais-je dit ?

— Remets-toi, Carmélite, dit la jeune fille en lui passant son mouchoir sur le front, remets-toi, ma sœur. Est-ce ainsi que tu es régénérée ? Tu pâlis à la première lutte, et cependant, quelle épreuve plus douce pouvait donc te faire subir la Providence, que celle de t'envoyer cet ami de ton passé?

— Tu as raison, Fragola, dit la jeune fille ; mais, tiens, regarde-moi maintenant, me voilà forte.

Puis, se retournant vers sa femme de chambre :

— Faites entrer M. Dominique, dit-elle.

L'abbé Dominique entra.

C'eût été un merveilleux tableau à faire, pour un peintre qui eût pu saisir l'expression de ces trois figures, que celui de ce prêtre sur le pas de la porte, étendant, en signe de bénédiction, sa main sur ces deux jeunes filles, aux bras l'une de l'autre.

— Salut ! mes sœurs, dit le moine s'adressant aux deux jeunes filles, mais s'inclinant plus particulièrement devant Carmélite avec cette déférence que l'on a pour une veuve.

Les deux jeunes filles saluèrent à leur tour, Fragola en se levant, Carmélite en inclinant la tête, car son pauvre corps était si faible qu'elle ne devait pas songer encore à se tenir debout avant quelques jours.

Fragola avança une bergère à l'abbé.

Lui, à son tour, remercia Fragola de la

tête; puis, se contentant d'appuyer une de ses mains au dossier, mais sans s'asseoir :

— Ma sœur, dit-il, j'arrive d'un long et douloureux pèlerinage, j'arrive du château de Penhoël.

A ces mots, les joues de Carmélite se couvrirent d'une telle pâleur que Fragola, qui était debout, tomba à genoux devant elle, et lui serrant la main entre les siennes.

— Ma sœur, dit-elle, rappelle-toi ta promesse.

— Du château de Penhoël, murmura Carmélite. Alors, vous avez vu le comte?

— Oui, ma sœur.

— Oh! malheureux, malheureux père, s'écria Carmélite, comprenant qu'il avait dû exister pour un autre cœur une douleur aussi grande que la sienne, sinon plus grande encore.

Le prêtre comprit tout ce qui se passait dans l'âme de la jeune fille, et à quelles angoisses cette âme était en proie.

— Le comte de Penhoël, dit-il, est un digne et noble père. Il vous plaint, ma sœur, et je vous apporte sa bénédiction.

Carmélite jeta un cri, elle retrouva la force de se soulever et, se laissant glisser sur ses genoux, elle se trouva aux pieds de l'abbé Dominique.

— Ah ! mon père ! mon père ! dit-elle en fondant en larmes, il ne m'a donc pas maudite...

Elle ne put en dire davantage, ses yeux se fermèrent, son visage devint blanc comme de l'albâtre, ses deux bras s'allongèrent sur les coussins du fauteuil, elle laissa aller sa tête sur ses bras et, avec un soupir qui semblait être le dernier, la vie parut s'envoler de cette frêle enveloppe.

— Mon Dieu ! dit religieusement le moine, effrayé en voyant le visage inanimé de la jeune fille, allez-vous donc faire de votre serviteur un nouveau messager de mort?

Fragola avait sous la main tous les sels

dont elle se servait en pareille circonstance ; car les évanouissements de Carmélite étaient fréquents. Elle lui fit respirer des sels ; puis, voyant que les sels étaient insuffisants, elle lui frotta les tempes avec du vinaigre.

L'évanouissement persistait, et rien n'indiquait que Carmélite dût revenir à elle.

Fragola alla vers la table, elle y prit un flacon dont elle se servait dans les cas désespérés. C'était de l'acide acétique, avec lequel elle avait l'habitude de lui frictionner la poitrine, quand ses évanouissements persistaient d'une façon inquiétante.

— Mon père, dit-elle au moine, seriez-vous assez bon pour passer dans la chambre voisine ?

— Je me retire, ma sœur, dit Dominique. Je suis moi-même attendu chez moi, et c'est pour accomplir un devoir que je regardais comme sacré que je suis d'abord venu ici. Tâchez qu'elle me pardonne de lui avoir, avec si peu de ménagement, apporté les paroles du père de mon ami.

Puis, lui mettant dans la main la relique qu'il avait reçue du comte de Penhoël, et dont, en quelques mots, il expliqua à Fragola toute la valeur, il sortit laissant la jeune fille à ses soins pieux.

Quelques frictions suffirent pour faire

rentrer la vie dans ce corps immobile et qui semblait inanimé. Carmélite revint à elle, ouvrit les yeux et chercha tout d'abord l'abbé Dominique.

Où est-il? demanda-t-elle d'un air étonné ; ou plutôt, est-ce que je n'ai fait qu'un rêve?

— Non ! dit Fragola, il était là.

— Dominique, n'est-ce pas ?

— Oui !

— Qu'est-il devenu?

— Tu t'es évanouie, et, par discrétion, il s'est retiré.

— Oh ! que je voudrais le revoir, s'écria Carmélite.

— Tu le reverras, dit Fragola, mais demain, plus tard, quand tu auras la force de l'écouter et de lui répondre.

— Oh ! je suis forte, je suis forte, s'écria Carmélite. Songe donc que j'avais mille détails à lui demander. C'est lui qui l'a quitté le dernier. Où est-il, où repose-t-il ? Nous irons, n'est-ce pas, Fragola, faire un pèlerinage au tombeau ?

— Oui, ma sœur, oui, sois tranquille.

— Ne m'avait-i point parlé de son père, ne m'avait-il pas dit que son pere m'avait pardonné, que son pere m'avait bénie?

— Oui, tu es pardonnée; oui, tu es bénie. Tu vois donc que Dieu est avec toi.

— Oh! murmura Carmélite en retombant sur sa chaise longue, que n'est-ce moi qui suis avec lui!

Et joignant les mains, elle pria tout bas, remuant les lèvres, mais sans qu'on entendît les paroles qu'elle prononçait.

— C'est cela, dit-elle, prie, pauvre chère, tout est dans la prière : le calme, la consolation, la force. Prie, ferme tes beaux yeux et tâche de sommeiller.

— Eh ! le pourrais-je, demanda Carmélite, tiens, prends ma main.

— Elle brûle de fièvre.

— Sans la fièvre, Fragola, il me semble que je ne vivrais pas.

Fragola se remit à genoux devant son amie, et reprenant ses deux mains entre les siennes.

— O ma sœur, dit-elle, où est donc cette force dont tu étais si fière tout à l'heure ? Le premier mot t'a courbée comme un roseau, brisée comme une fleur. Tu ne m'as pas trompée, mais tu te trompes toi-même, ma sœur. Tu n'étais pas si forte que tu le croyais.

— Je m'étais préparée à la douleur et non à la joie, Fragola. J'eusse été forte contre la douleur, j'ai été faible contre la joie.

— Pauvre amie!

Carmélite serra convulsivement les mains de Fragola.

— Il a dit qu'il reviendrait, n'est-ce pas?

— Oui!

— Quand

— Bientôt, mais...

— Mais quoi?

— Pour que tu attendisses plus patiemment son retour...

— Eh bien?

— Il m'a laissé quelque chose pour toi.

Cette fois, Fragola, comme on voit n'avançait que pas à pas. Elle avait peur d'une seconde crise qui, dans l'état de faiblesse où était Carmélite, pouvait devenir plus grave que la première.

— Quelque chose pour moi, s'écria Carmélite. Oh! donne vite, alors.

— Attends un peu, dit Fragola, en passant son bras autour du cou de Carmélite, en l'attirant à elle et en l'embrassant.

— Pourquoi attendre, Fragola?

— Mais, dit la jeune fille, parce que...

Et elle hésita.

— Parce que? répéta Carmélite.

— Parce que c'est un bonheur, et que je veux t'y préparer.

— Mon Dieu! tu me fais mourir.

— Pour mieux te faire revivre, chère sœur.

— Dis, dis vite, je le veux! que t'a laissé pour moi ce bon Dominique?

— Un présent.

— Un présent, à moi? demanda Carmélite étonnée.

— Un présent que te fait le comte de Penhoël, un don précieux... un trésor.

Et elle souriait de son sourire d'ange entre chaque parole.

— Fragola, je t'en supplie, dit vivement, presque impatiemment Carmélite, donne-moi ce que tu as à me remettre.

— Laisse-moi te traiter comme une enfant, Carmélite.

Carmélite laissa tomber sa tête sur sa poitrine.

— Fais comme tu voudras, dit-elle, seulement, crains de me pousser au-delà de ma force.

— Te voilà abattue, tu es bien près d'être calme ; de là au sangfroid, il n'y a qu'un pas. Aie la volonté, et tu seras forte.

— Tiens, vois? dit Carmélite.

Et elle sourit à Fragola.

— Veux-tu mieux encore, continua-t-elle, car tu as raison, raison toujours. Je vais, pendant le temps que tu voudras, poser ma tête sur ta poitrine, et, dans un quart d'heure seulement, tu me donneras ce présent du comte de Penhoël...

Elle fit un effort, et, en souriant :

— Du père de Colomban, ajouta-t-elle.

— Allons, dit Fragola en souriant à son

tour, tu es une héroïne, et je ne te ferai pas attendre.

Et elle se leva, et ce fut Carmélite qui la retint.

—Fragola, ma noble, ma sainte Fragola, dit-elle, qui donc t'a appris, mieux qu'aux plus célèbres médecins, cette science du cœur avec laquelle tu guéris mes blessures? Ah! la vie me paraîtra douce tant que je te tiendrai par la main.

— Allons, dit Fragola, il faut récompenser l'enfant de son obéissance.

Et dégageant doucement sa main de

celle de son amie, elle alla chercher derrière la causeuse, sur une petite chiffonnière en bois de rose, où elle l'avait déposée, la relique du comte, et, présentant à Carmélite le papier tout ouvert :

— Sa mère, dit-elle, répétant les propres paroles du comte, les a coupés sur sa tête le jour même de sa naissance.

— Dieu de bonté ! s'écria Carmélite en sautant sur la boucle de cheveux avec la rage d'une lionne qui retrouverait son petit ; Dieu de bonté! ce sont les cheveux de mon Colomban.

Et, pour la première fois, le cœur de la jeune fille, vide et froid comme un sépulcre depuis la mort de Colomban, fut inondé d'un indicible bonheur.

Elle prit la boucle de cheveux, la tourna en tous sens, la baisa mille fois, la couvrit de larmes, puis, la levant jusqu'aux lèvres de Fragola :

— Tu l'aimais aussi comme un frère, dit-elle, embrasse ses beaux cheveux, ô ma sœur!

FIN DU QUINZIÈME VOLUME.

TABLE

Des chapitres du quinzième volume.

Pages

Fin de la table du quinzième volume.

Fontainebleau. — Imp. de E. Jacquin.

Ouvrages de divers auteurs.

Aventures du prince de Galles, *par L. Gozlan.* 5 vol.

La marquise de Belverano, *par le même.* 2 vol.

Mes Mémoires, *par Alexandre Dumas.* 22 vol.

Mystères de la Famille, *par Élie Berthet.* 3 vol.

Le Cadet de Normandie, *par le même.* 2 vol.

La Ferme de la Borderie, *par le même.* 2 vol.

La Bastide Rouge, *par le même.* 2 vol.

Fabio, *par Pierre de Lancy.* 3 vol.

Il faut que jeunesse se passe, *par A. de Lavergne.* 3 vol.

Laquelle des deux, *par Maximilien Perrin.* 2 vol.

Partie et revanche, *par le même.* 2 vol.

Le Sultan du quartier, *par le même.* 2 vol.

Aventures de Saturnin Fichet, *par Frédéric Soulié, tomes 7, 8, 9 et derniers.* 3 vol.

La Tache de sang, *par le vicomte d'Arlincourt, tomes 3, 4, 5 et derniers.* 3 vol.

La mère Rainette, *par Charles Deslys.* 6 vol.

Nelly, *par Amédée Achard.* 2 vol.

Souvenirs de 1830 à 1842, *par Alex. Dumas.* 6 vol.

Les vrais Mystères de Paris, *par Vidocq.* 7 vol.

Mémoires d'une Somnambule, *par J. Lacroix.* 5 vol.

Un mauvais Ange, *par le même.* 3 vol.

Histoire d'une grande dame, *par le même.* 2 vol.

Les Francs-Juges, *par Emmanuel Gonzalès.* 2 vol.

Les sept baisers de Buckingham, *par le même.* 2 vol.

Fontainebleau, imprimerie de E. Jacquin.

www.ingramcontent.com/pod-product-compliance
Lightning Source LLC
LaVergne TN
LVHW020616110826
845149LV00002B/482

* 9 7 8 2 0 1 9 9 3 2 3 2 9 *